私の航海（後悔）日記

嶋津章子
SHIMAZU Ayako

文芸社

目次

私の航（後）海（悔）日記

大人の休日倶楽部十周年記念　地中海旅行

（二〇〇二年六月一日〜六月十一日）

五月三十一日

昨夜の雨上る。陽が射してきた。小鳥に最後の餌。和子姉夫妻と姉の孫、敏坊《としぼう》（三歳）が送りに来てくれた。敏坊は変化がほしいのだそうで、新幹線の動くのを見せたいのだと。そして弁当代として二万円くれた。「前に貰ったよ」と言うと、「オヤ、そうか?」。ちょっと心配。上の兄、和君（五歳）は大変元気がいいそうで、大きな声で挨拶が出来、バスでも「1です」とか「2です」と言えるそうだ。

徐々に気分が乗ってきて、東京駅でもまごつかず三十分以上もノンビリ出来た。成田第二ターミナルの十五時四十八分発のバスがなかなか来ず、少し心配になったが、（日韓共同開催の）サッカー（ワールドカップ）のせいかも知れない。黒髪（ちぢれ毛）の紳士がホリデイインの方に行きたかったのに、ANAホテル行きに乗ってしまったらしく、運転手に話しかけたが反応がない。

するとフランス人の青年が取り成してくれた。
夕食、石焼ビビンバにイタリアワイン。そして紅茶。お風呂で疲れを取り、私と四姉共レース編み。

六月一日　ミラノ

ＪＲ四一七便でミラノへ。三十分遅れで出発、機体は割に揺れるがシートベルトの注意はない。日本、中国、シベリアそしてアルプス――初めは何と雪のない――と思っていたら本物の山はなかなか出てこず、最後の一時間近くなって、切り立った雪の嶺が次から次とチョコレートにクリームや粉砂糖をのせたように見えるのが出てくる。迷彩服はシベリアや北の地上を見てよく分かった。あのとおりの色彩なのだと。

同じグループの説明会で、水の心配のないこと、クルーズの船内では電気は使えないこと（火災のため）、しかしカフェテリアでは湯が自由に飲めること。食事が豪華すぎて持て余すようになり一食抜いても平気になることなども分かった。

あとは行くだけ。若造りに髪染めのおばはんが私の後ろの席で具合が悪くなったらしく、変な音を立てスチュワーデスにベルトを緩めるよう指示されていた。なんと同じクルーズの仲間だった！　ミラノには午後四時着。明るいうちにジョリイホテル（大聖堂近く）に着き、昼食を四時半頃とった。あとはホテルの部屋で疲れた足や腕を休めることにした。土曜日で、七時には店は閉まり、バールかレストラン以外は開けてないそうだ。こちらもサマータイムの最中だ。

六月二日　ミラノ―ジェノヴァ

ヴィスコンティの城、大聖堂、スカラ座を垣間見《かいまみ》、バスでジェノヴァへ。途中のインターチェンジで昼食、船に着いてからが大変。昼食をとったが食欲がなく、しかし食べねばならぬ。野菜、果物をとる。まず乗船手続きにパスポート、そしてコスタカードとその他を受け取る。それがしばらく続くので、出したり入れたり数回繰り返して、ちょっぴりイライラ。港にはドリンクが用意されていて、美味しそうに飲んでいるので手を出したら「だめ」、それはコスタアトランタの乗客のものでヴィクトリアにはなく、黒マスクの案内人のみ。さすが七五〇〇〇トンの船だ。港の中で一番大きい。窓が小さく見える。私たちは八〇四二八号室。デッキ名はオセロ。シリアラインの時もエレベーターが多くて自分がどの位置か分からないことが多かったが、船室番号がホテルと同じく印刷されているので、奇数か偶数か右か左かが分かる。しかし中央にも窓なしの部屋があるので、廊下は狭くて長く長く見え、毎日ジョギングしているようなものだ。つくづく旅は足が頼りだと分かる。夕食は初顔合わせのテーブル（日本人のみ）で頂くが、たくさん食べないことにした。前菜のビシソワーズ、サラダ、ジェラート。メインディッシュなし。明日はカプリだ。

六月三日　カプリ

今日は昼食後、十一時四十五分集合、七階のコンコルドプラザで説明会があり、一時出発。イタリア語、スペイン語、フランス語、英語、ドイツ語、日本語。船から小さいボートに乗ってカプリに四十五分かけて着く。水の色が美しい。客で賑《にぎ》わっていて待つこと一時間近く、六人乗りの手漕《てこ》ぎボートに乗り移って身体を低くして入る。入り口を振り返ると空色の水。これが青の洞窟だった。私は当てがはずれて、テレビや本で見て想像していたのと違って少しがっかりしてしまった。しかし、カプリ島は美しい石灰岩の島で、至るところカワラナデシコ、アザミ、黄色の何とやら……。夾竹桃、ブーゲンビリア、アジサイそしてサボテン、竜舌蘭……。サンミケーレの別荘を見る。邸は小さい居間に、ローマ、コリントドーリア式の柱と彫刻があって〝フーン〟と思っていると、右に左に道があり四阿《あずまや》があって、登ったり降りたりと飽きない。それが崖っぷちにあるので、下を見ると気が遠くなりそうな海が見えるというわけ。しずく（弟の孫）にドレスを買った。二十ユーロ。夕方、六時三十分にホテル（つまり船室）へ。夕食のデザートはサバラン。ババというそうだ。乗船記念避難訓練の写真を買い、明日の〝パレルモの神秘〟を予約して寝た。

六月四日

〝神秘〟はキャンセルでパレルモはあぶれてしまった。その十名がタクシーを借りて、大聖堂、モンレアール、カタコンベに行くことにした。パレルモは異国情緒いっぱい。ローマ様式、アラブ様式などがごっちゃに入り混じっている。

下船後、ロバ馬車が数台、人待ち顔でいる。

あちこちにサボテン、オリーブ、夾竹桃、乾いた土。モンレアールは高台の郊外にあって、柱のモザイクが斜めあり、直線あり。その中にモザイクの剝離《はくり》したものもある。広場でオレガノや豆を売っている。ヘーゼルナッツを一袋、百三十五ユーロで買う。その次は、マッシモ劇場へ。その階段にたくさんのトランク、靴が中央に飾ってあった。これは迫害されたユダヤ人の遺品だそうだ。

それから大聖堂に行きろうそくを捧げる。こちらは電動式でお金を入れると火がつく。おもしろい。そのうち昼になる。だからカタコンベには行かなかった。子どもや気の小さい人はやめた方がいいと書いてある。きっと気分が悪くなるだろうし。十二時頃、船室に帰りレストランに行くと、すでに二次の客でいっぱいで、仕方なくというより十一階に行きたくないので部屋でパンとコーヒーにした。好《す》き《き》さんは疲れて食べずに寝てしまった。夕方はレストランでいつものメンバー、Tさんがワインを頼もうとしたがモモちゃんたちがいないのでやめた。この二人は幸せなおばあちゃんのようで、あまり、あっけらかんとしているので何だか素直に喜べなくなってきた。一種のヤキモチかな。

六月五日　チュニス

朝チュニスに着く。ここではスークとショッピングだけにした。その方が歩くところが少ない理由で。それにカルタゴの遺跡を見たくても、あまりなくて十五分足らずで終わるのだそうだ。それより香水やカーペットや金銀細工を見た方が面白いという。十二番グループは小さいバスで十名程。案内はモンターといい、癖のある英語を話すが段々のみこめてよく分かってきた。舟形劇場（というより子どもたちが殺されたところらしい）。チュニスはユダヤ教、キリスト教、イスラム教が合体しており、一夫多妻制が最近まで認められていて、正妻と一緒に三人の女性が（後宮で）暮らした。今は一夫一妻とか。スークでカーペットを五〇〇ユーロ、二十パーセントオフで買った。サッカーはチュニジアとロシア戦の真っ最中。日本はベルギーと引き分け。市内はナツメ椰子《やし》、ジャカルタミモザの花盛り。芸術村は白と青の家々と青空。シディ・ブ・サイド。大統領の官邸がものものしいと思ったら、たった今出邸したばかり。再び船へ。クラウディア・カルディナーレの生家の前を通った。

六月六日　パルマ

だんだん波が荒れてきて、あちこちの手摺りに袋が下がる。船酔いのためだ。夕べのディナーパーティもとっても揺れた。船長じきじきのお出迎え。そしてノンアルコールのカクテルを貰いしばらくカンツォーネを聴く。クルーの紹介、それからレストランに行き特別メニューを頂いたが料理はそれほど変わりはなかった。

さてパルマ。明るく白くまさに真珠のような感じ。このような街でもやはり失業率は高いのだろうな。アゴスチンは無事ドイツに行ったのかな。案内人はバルトロメオ。英語とドイツ語で説明する。それを大げさなくらいはっきり話してくれる。大聖堂は赤、黄、緑、青で美しい。それから真珠の店へ。美しいのだが疲れで見る気もしなくなる。途中、マジョルカブルーのネックレスを見たがとても美しかった。

六月七日　バルセロナ

パルマやパレルモに似た広く美しい街。モンジュイックの丘、オリンピックの遺跡のある港街。ガウディのグエル公園は盛岡の岩山のようなもの。金曜日とあって、幼稚園児、小学生の集団が来ていた。子どもには夢が現実となる楽しい所だ。あの曲線はすべて爬虫類《はちゅうるい》の感じ（建物の窓やテラスといい）。サグラダファミリア（聖家族教会）はまだ途中のもので、外から内部が透けて見える。バルセロナではたくさんの音楽に触れた。教会の聖歌隊（かなりの年齢の人たち）、街の音楽隊、色々な楽器、大道芸人もひときわ優れていた。土産物屋でエスプレッソのカップを八個買った。店員は九個包んでいて、八個分と格段に安くなっていた（開けてみて分かった）。途中、好さん（一番年の近い四女の姉）が若者のふざけのトバッチリで水を浴びたのが幸運になったのか。夜はインフォーマルのディナー。

スタッフの紹介、ろうそくのついたケーキの入場、そして花火。そんな騒ぎで盛り上がり、メインディッシュのポークカレーが来ず、カジキのステーキが来たり、デザートが来なかったり、大層揉めた。東京方面の人々はお互いにかなり住所が近いので、これも盛り上がっていた。

六月八日　マルセイユ―アヴィニョン法王宮

雨に当たる。心配していた天気が雨になった。が、晴れそうでもある。二時間近く（九時出発）でアヴィニョンに着く。有名なサン・ベネゼ橋は、羊飼いの少年ベネゼが、橋をかけるよう神のお告げを聞き、時の法王に直訴したが信じてもらえず、狂人扱いされるも神がかりのせいで大岩を動かし、ついに認めてもらえ大勢の人々の助けとで橋がかかるというのだ。バチカンに移る前はここにカソリックの法王宮があったという。街はソレイアードの布地、人形、ポプリに溢れて買いたくなるが結局時間がなくて終わり。雨の中、オペラカフェで昼食。前菜とデザートとエスプレッソのセット。三十ユーロに十三ユーロのチップ。テラス席がすぐに室内に早変わり。寒い雨風から客を守ってくれ、サクラ商会としては効果あり。つまり客が次から次と入ってきた。マルセイユ市内で高台にあるノートルダム、百何段の階段を登って市街を見下ろす。フランス訛りの英語の解説によるとモンテクリスト島も見えるらしいのだが、右か左か分からない。ともかく巌窟王《がんくつおう》が身近な存在となる。やはりフランスはこうしてみると洗練されている。料理といい、色彩といい。イタリアは国旗のように鮮やかで陽気だが、どことなく無雑作な感じで今ではイタリア料理も（毎日のせいか）飽き飽きしてくる。それに比べてフランス料理は繊細《せんさい》だった。夜はボーイと料理頭にチップを渡す。

京都から参加の男性（いつも夕食には和服の方）、学者タイプだったので二人で秘かに米内光政《よないみつまさ》さんと呼んでいた。彼氏からワインのボトルキープを教えられた。

黄海航路

（二〇〇三年三月十日〜三月十九日）

一月　イントロダクション

一月二日、恒例の新年会の数日後に次姉から早朝の電話あり。相談したいことがある、九時過ぎ行ってもいいかと。胸騒ぎがした。

誰か不幸？　お金の依頼？　もしかして私たちの知らないところで何かが起こったに違いない。悪い話でないといいが……。この心配は無理もない。これまで、姉からは明るい話のあったためしがない。いつもお金の無心か無理難題か……。

ところが意に反して思いがけない話だった。私たちの兄弟（九人）の一番上の兄が昭和十九年十一月十七日に東シナ海において戦死した。船もろとも。ドイツの豪華客船シャルンホルストを改造した空母・神鷹《しんよう》が沈んだ地点、（海なのに）北緯三二・五九東経一二三・三八を飛鳥Ⅱ号が上海・大連クルーズの際に通過すると知り、是非六十年間の霊を慰めるべく姉妹五人＋兄一人で参加したいのだということだった。ひとまず胸をなで下ろした私たちに、姉は現在二百万円のお金があるので、Ｋ席の四十万円の船賃は私が請け負うというのだった。二〇〇二年に私と四姉はイタリア船籍のコスタヴィクトリアで地中海の船旅を楽しんだ。バス、飛行機、バス乗り次ぎの旅と違ってホテルに乗って旅する如きのクルーズは、のんびりと（一週間だけではそうでもないかも）したものだったので船の楽しさは言わずもがな。まして五人で一緒の船旅——兄さんに再会。姉の言によると、船長は出来るだけ近づけて下さるというのだ。

兄さん——お骨もない戒名《かいみょう》だけの兄さん。市内に住む女だけで話し合い参加を、そして花束をささげたい——。

二月　騒動記

早速ＪＲに申し込みに行った姉に電話で聞くと、Ｋ、Ｆクラスはすでに満杯でキャンセル待ちとのことだった。私たち三人は反論した。キャンセル待ちだといつのことやら？　そんな話はだめ。本当に行くのならＤ、Ｅクラスの部屋を取って確実にしなければならないと。部屋代は自己負担で確実にしましょう！　そうなったら依頼人は姉から私たちになった。街中に住んでいて、ＪＴＢに近い姉が窓口になってくれると便利なのだが、姉には限界があって大雑把の丼勘定に近く、細かく丁寧には程遠い。言いだしっぺは旗振りが終わると全てが完了したような気がするらしく、すぐ気が抜けて「おや、そうか、そんならそちらにおまかせ」となった。年末から体調が思わしくなくて中央病院に行った四姉は、鉄欠乏性の診断で特殊検査の必要あり――消化器系癌の疑いがあった。二月初旬か中旬に検査があったが、三月十日のひと月前にキャンセルしないと有料になり、それだけは避けたいと七日の医師の話を聞くや、私はＪＴＢにキャンセルと連絡。お陰で兄一人の部屋がなくなり、二部屋だけで済み、大見栄を切った姉の懐も潤うであろうと、思われた。

病院の件は深刻で手術の必要があった。早く切除して参加するか、参加後に切除するか、医師の〝心配しながらの旅は楽しくないでしょう？〟。連日の食断ちの検査は本当に大変で、その合間に郵船やＪＴＢとの連絡、姉たちに秘密裡に事を運ぶのはまたまた大変だった。不用心な私は仙台市の兄に〝私たち四人は……〟と言ってしまい、「おいおい、五人じゃないのか俺を入れないのか？」と問われ冷汗をかく。いつも影武者の私が連絡しても気付かないでいるだろうかと気になった。キャンセルが決定してから姉たちに話をした。入院は二月二十日、二十二日に手術、十日〜十四日で退院。ちょうど九日の新幹線で出掛ける前すれ違いとなるので、留守のことも心配になる。場合によっては私もキャンセル？これは手術が済んでからでなければ分からない。

二月手術

二月二十日、十一時入院。四姉の手術は今度で三度目となる。最初の時は、医師の解説に私は気が遠くなり、ベッドに横になってしまった。

手術は四時間、長くて五時間、病名は盲腸癌。それに胆嚢《たんのう》の結石もあり、同時に胆囊も切除しておいた方がよいだろうとのこと。しかし合併症の場合、癒着《ゆちゃく》している時はカメラの穴と大腸と小腸の接合部の切除と胆囊切除のためリンパ管も取る。術後、出血漏《も》れにビニール管をつけるが再手術してつなぎ直す。

合併症　一、出血、大動脈の近くまで取るので可能性大

二、感染化膿、癒感剤術後発熱

三、腸閉塞《ちょうへいそく》、きりきり痛む　点滴をする

四、再手術

五、縫合不全

六、脳梗塞、心筋梗塞

七、不整脈、これは専門医に

八、心不全

九、全身麻酔による呼吸困難は人工呼吸器　痰は肺炎の原因

十、血栓症（エコノミー症候群）の時は脚の血管に血の塊、ストッキ

ング使用

十一、吐き気

十二、術後の痛み、痛み止め

なんだか心配事が多くなり、旅行どころでなくなってきた。

二月二十二日、八時に病院に行く。今は麻酔も手首からで、手術室に向かう直前にタタッとするのだそうだ。そのうち三姉も来た。手術室に送ったあとは八階の家族室に。私は郵便局に出かけた。途中どこかのゴミ捨て場にブルーグレーのスーツケースがあった。まだ使えそうなのに……。

三月十日

七時半、盛岡発。晴天というより快晴。気温五度とよく冷えた。仙台で兄と会い東京を経て横浜・桜木町へ。ワシントンホテルで一休み、昼食。タクシーで大桟橋へ。ＪＴＢクルーズでパスポートと引き換えにカードキーを受け取り船室に入る。バルコニーは一坪あるが入り口付近は狭い。午後四時、出港のドラが鳴り、テープとフィリピン人の楽隊が〝ダイアナ〟〝シェリト・リンド〟その他を演奏。そしてシャンパン。しかし、とうとう避難訓練はなかった。デッキにはライフジャケットの箱があった。その後、リドカフェでお茶をとる。軽い昼食も出来たがすでにお腹はいっぱいで咽《のど》を潤おしたかった。コーヒーは美味しくなかった。夕食の紅茶もとても薄くて飲めた物でなかった（打ち明けて言えば）。その後、艦内探検に繰り出したが、その奥でポプリ作りをしていたので私も桃の花をあしったバラのポプリを作った。夕食はシェフ（船長の間違い？）のウェルカムディナー。六人席で東京や札幌の人と同席し、結構話がはずんだ。和子姉（二姉）はどこか男好きで一人占めしたがるところがあり、自分の出番が少ないと無口になり素っ気なくなる。スパに行った時も帰りは見向きもせず、先に帰れと指示したきり。船長の言葉どおり海は荒れてきた。波浪と揺れでなかなか眠れず五時半に起きる。

三月十一日　四国　都井岬、室戸岬

夕べからの荒天で揺れに揺れ、安眠は出来ない。和子、五姉殖子《しげこ》、強《まさる》ダウン。元気で、和食・洋食を食べたのは私一人。

今日のスケジュール

十時～十時半　避難訓練

十一時半　ピアノバーで船長と面会

十四時～十四時五十分　ハリウッドシアターで漢詩の楽しみ

十五時～十六時　モンテカルロカジノ教室

十六時～十七時　キャプテン、ウェルカムパーティ　ギャラクシーラウンジ

十七時半～十九時十五分　ディナー、ウェルカムパーティ　ギャラクシーラウンジ

客を飽きさせないために、あの手この手をするので大変だ。客は皆、日本人だけというのはその点不便だ。イタリアのコスタヴィクトリアは良かった。情報がないので自由で幸せだった。足の不自由な人が多い。が、お金と身体の丈夫なお年寄りが多いのだ。

昼食後、三人で（強はベッド）中国への入国出国とカードと小田船長に会いに六階のピアノバーへ行く。あんなに元気ないと見えた和子さん、兄に「強も起きて。船長に会いに行くのだから」

「具合が悪くてだめだ……」

船長はあとで電話を下さると言う。十六時からの主催パーティもあるし、この大荒れでは忙しいのは無理もない。土佐日記を思い出す。

カード提出後、殖ちゃんは食べずに帰って寝るというので、和子姉に付き合って昼食をとる。もう元気になっていて二人席に座ると、「こんな所では相席がいい。人と知り合える」とのたまう。「貴女のことを思ってこうしたの」と言っても通じないのであきれる。本当に自分勝手な人だ。小田船長はヨーロッパで十年も働いていた人らしく、明るく陽気でドレスコードの件も〝長い（？）航海を楽しくするためにオシャレしてほしいのです〟。でもコスタの時と違うのは日本人だけということ。日本人もおしゃれになったものだとつくづく思う。ディナーは、また新しい人々との出会いで福島の姉妹がとっても面白く魅力のある素直な人々だった。夕方九時過ぎ、一人でスパに行く。そこでストッキングが破れているのに気付いた。そうそう船長はあと数時間で低気圧から抜け出し穏やかになる――と伝えたが一晩中揺さぶりがあった。

三月十二日

今日は長崎観光の日。夕べ、揺さぶりと風のウイーンウイーンで寝苦しかったので、内海に入って静かになると変な気分になり足が心許ない。でも朝食をハシゴして九時近くに下船する。だいぶ遅れたらしい。ジャンボタクシーの早熊さんはとてもいい人だった。鼻をすするのは風邪か花粉症か。花束の件と市内観光を依頼すると、出島から始まった。出島とは長崎市内の浮島にヨーロッパの商人の居住地を造ったものらしい。

畳の部屋に脚高の椅子、家具、ベッドを置き襖絵を一面に貼り、デスクや窓枠、ドアをエメラルドグリーンに塗り、高い天井からシャンデリアを吊るす。それがオランダ人の趣味としても統一が取れているのでとても美しく整然としている。原爆というより浦上天主堂（被爆当時は平和公園だったという）、二十六聖人、中浦ジュリアン、伊東マンショ等と子どもを含む二十六人。あとの場所で隠れキリシタンの踏み絵を見たが、彼らはマリア像を心ならずも踏まねばならず、親指に力をこめて土踏まずを上げたため親指の跡がはっきりしているのだという。

永井隆博士の如己庵《にょこあん》、夫人のロザリオ等、伊万里焼の千羽鶴、港と観光の街というのか長崎はそれなりの努力をしている。市電は各所の廃車同然の車両で黒字だという。出島、平和公園、平和の像、二十六聖人、浦上天主堂、孔子廟（後宮からの宝物が飾られている）、グラバー邸等の南国ふうの開放的な雰囲気。シュロ、ソテツ（グラバー邸のソテツは三百年！　前に島津公から贈られたものとか）、出島の一級商人の家とグラバー邸を見るとエキゾチックで美しい。でもこれを盛岡に造ったらやはりおかしい。シュロや明るい光にふさわしい建物であり、インテリアだと思われ、統一性があるというのは美しい。

三月十三日

今日は凪《なぎ》。でもどこか身体が反応す。

朝食は洋食ビュッフェにした。野菜、フルーツ、ワッフル、ヨーグルトと盛りだくさん。その後ピアノバーでマルガリータを飲む。

船長がやって来て、十六日朝七時半、ほとんどその慰霊の地点を通過出来るという。汽笛を鳴らし六デッキから七デッキに集まることになった。殖ちゃんは昨日、ダンスに行ったら誰もいなかったそうだ。今日も行ってみるそう。和子ちゃんは十時から四十分、輪なげ大会。あとの三人は十時から上海・大連の説明会。地名がなかなか聞きとれない。

六デッキで対面審査が十八時からあるということだ。時間がかかりそうだ。お昼は月見そば。十四時から四十分のマジック教室に行きたいので戻って休み、グランドスパに行く。お風呂は一番休まるし風邪気を感じた時には良い薬だと思う。皆もこうして元気を保っているようだ。輪ゴムを使った二つのマジック（マリックのような）の帰り道、図書館によりエジプト美術と田村能里子の画集を見る。七デッキを一周し、六デッキに下りてみる。こちらの方が海面に近くていいと思う。夕食はフルコースで秋田の夫妻と同席になり、久し振りに東北人の元気を取り戻した。夫人も二か月病気したそうだ。ご主人の方はくも膜下と脳梗塞を患《わずら》って、八キロ（これはバドミントンをして）痩《や》せたそうだ。

明日は六時の朝食後、対面審査を受け八時五十分、ギャラクシーラウンジに集合。九時出発なので打ち合わせ後寝る。そうそう強兄のオプショナルカードが見つからなかった。私の見た時はあったのに。

三月十四日

時々寒くて目覚める。シャツを着る。どんどん気温が下がってきているようだ。または昨夜の服装の薄気のせいかな。どっちにしろ風邪引かぬように用心用心。強兄は少しも頼りにならず、部屋に戻ると下着になり読書三昧《ざんまい》。あんなに打ち合わせしたにもかかわらずだ。

「カーテンを閉めろ」

「タオルはどうした？」

命令形なので頭に来るが我慢我慢。でもこんなに役立たず（いくらかは考えてくれると思っていた）とは思わなかった。結構文句ばかり言っている。しかし日一日と角が取れて他人ともおしゃべりするようになった。巧《たくみ》（弟）だったら、こんな時さり気なく笑わせてくれ気遣いをするだろうに――と詮ないことを思ってしまう。トイレを占拠してなかなか出てこない。二人でカジノなんて考えられない。せいぜいデッキを歩くか〝皆の体操〟どまりだろう。

三月十五日

今日一日はボンヤリする日と決めた。

とたんに身体の調子が悪くなる。明日は七時半が大切な好さんの診察日――。朝はパームコートでフルーツとエスプレッソ、マフィンのようなもの。リドカフェでは野菜、スープ（椎茸）とオートミール。体調が悪いのは風邪もあるが、もしかして少食のせい？　たくさん食べないと頭が働かないのかも知れない。葉書二枚書く。

昼は和食、うどん。ボーイ（ウエイター）たちが昨日の似顔絵以来やってきて、ニコニコしている。今日はロンを描く。それからパームコートにコーヒータイム、エスプレッソ。一時から三時までテレビで〝戦場のピアニスト〟を殖ちゃんと観た。明日の慰霊の打ち合わせと〝故郷の白百合〟を練習して解散。私は資生堂に行き、シャンプーやブローをしてもらう。トリートメントを勧められ六千円。お陰で髪をふくらますこと大でおばちゃんになっちゃった。しかしスーツを当ててみてそう悪くないので安心。今夜は帽子を被って寝なくては。今夜もローリング。波高し。なかなか寝つけない。

三月十六日

六時にもう身仕度済み、強兄とリドカフェに夜明けのコーヒーを飲みに。曇り、十五分ぐらいフルーツとコーヒー、マフィンを食べ、戻って七時五分前に皆で六デッキのクラブの椅子で待機。七時十五分頃、副キャプテンが出てくるのが分かったのですぐデッキへ。この辺は東シナ海であるが、黄海に最も近く、緑を帯びていてもっと黄が薄くなるのだそうだ。

長兄義公《よしきみ》

七時二十五分、汽笛が鳴り、和子姉、弔辞と共に私が花束を海に投げた。すぐ見えなくなった。

岩手の水と江田島羊羹《ようかん》、下ノ橋の土、豆銀糖《まめぎんとう》〝あさ開〟（酒）を捧げる。兄さん受け止めてね。

大気も緩やかに回復してきたのでほっとする。身体の力が抜けたような感じ。お腹が痛んだりした。

三月十七日　大連

朝目覚めたら大連に着いていた。大連の港は古ぼけていて煉瓦に漆喰を塗った壁がひびわれていた。昔の日本人が造った建物だそうだ。

上海の港はイルミネーションや高層建築で美しく見えたが、こちらはさびれて見えた。というのは、最初だけバスに乗って、旧ロシア人街に近づくと丸いロータリー、中は公園、直径は二百メートルあるという。芝生は青々とヨーロッパ的な街だった。上海とほとんど同じ人口にしてはとても都会的だ。上海はイギリスふうの建物（石造り）が多かったが、灰色一色で彫刻の飾りだけの地味なのに対し、大連の屋根は三角、窓枠、ドア、煙突、どこまでもヨーロッパ的。道路も広いし街路樹もゆったりした間隔で歩く人々もゆったりしている。そうなんだ、今日は休日。テレビ塔に登る。ここは労働公園という丘の上にある。上海は平らな街で自転車が車と同じぐらい多かったのにこちらは丘と坂の街のため自転車はない。それだけ都会的に見える。天気も良いので美しい一戸建の住宅も素晴らしく見えるが買う人は少ないそうだ。中国人は頻尿でないらしく、上海のレストランも百四十人も日本人が入ったのに一階にせいぜい二、三個で、一個は必ずといっていいぐらい封鎖している。しかし今日は思ったより寒くなく、暖房の入ったバスだったので長蛇にならなかった。

三月十八日

今日は中国を離れて――あと二日で日本。朝食後、図書館で『英国庭園紀行』上・下と「文春」を借りる。マジック後、縮緬のコイン入れ作りに行ったらすでに満席。十時四十分のコンパスルームにと言われる。結局、忙しすぎるのだ。寄港地のOP日は何も出来ないし、〝海彦《うみひこ》〟のランチサービスも十六日だけと分かる。せっかく四人で鮨でもと思ったのに。強兄は「俺は帰ってからでいい。美食家でないから艦内食を食べたい」と言う。まあ見ていると我儘《わがまま》いっぱい。好さんの電話にも出ようとせず、「その後どうなの?」ともなく呆れてしまった。朝食後に他で食べて彼もやっと船の生活に慣れてきたのだ。

よく観察してみると仲の良い夫婦と見えたが、女房がいなくちゃ手も足も出なそうな組が多いようで、女性は一人でお茶飲みに行くが男性は――。あるいは一人旅なのかもしれないが。

手品の時も離れて座りながら、ああだこうだと面倒を見たがる夫人。なかなか自立は難しい。

三月十九日　最終日

今日はフェアウェルパーティの日。フォーマルウエア。「文春」と『英国庭園紀行』を返す。明日は入港なので、衣服の整理で過ごすといいたいが。〝千円を一万円に変えるマジック〟は大方の人が集まった。殖ちゃんも来た。その後、私は映画館で〝海の仕事〟を見ていたが気付くと誰もいない。眠ってしまったのだった。正午を過ぎているので部屋に戻ると誰もいない。多分食堂だろうと行ってみると三人は食事中。隣の九人席に一人割り込む。クリスティーの言う〝お猫さん〟のような発声の女性の隣で実に居心地悪い。

ビストロで殖ちゃんとお茶を飲み、私は〝遊仙〟での百人一首に参加した。十二人もいたので二組でバラマキ型で開始。結構取れて一位のようだった。時間が余ったので坊主めくりも。

（本の中から）
おかげ様人生

一、バカの陰でお利口がひかる
　　利口ばかりじゃ成り立たぬ

二、落ちてくれる人のお陰で合格出来る
　　のぼせ上るとバチが当る

三、負けてくれる人のお陰で勝たせてもらう
　　どちらか負けなければケリがつかぬ
　　勝つことばかりが人生じゃない

四、脇役のお陰で主役がひかる
　　主役ばかりじゃ芝居は出来ぬ

五、職場があるから働ける
　　職場のお陰でストも出来る

六、　後輩のお陰で先輩になれる
　　　威張ることはないんです
七、　子供のお陰で親になれる
　　　子供がいなけりゃいくつになっても
　　　ただの年寄り
八、　嫁のお陰で姑になれる
　　　あんまり有難くないけれど
　　　姑という字は女が古いと書くんですねえ　よくもまあ
九、　相手（縁）がなけりゃケンカも出来ぬ
　　　一人じゃ夫婦ゲンカも出来ません
十、　聞いてくれる人のお陰でグチもこぼせる
　　　あなたにとって観音様です
十一、下水のお陰で水も流せる

汚いもの、厭なものみんな引き受けて
下水はいつも土の中
十二、読んでくれる人のお陰で書かせて頂く

このヘタな文章も
世の中役に立たないものは一人もいません
だから仏典にもあります
「生きとし生けるもの一切の存在はみんな仏だ」（一切衆生悉有仏性）と。

太平洋行進曲

私は今、太平洋上にいます。三月十日午後四時、別れテープに送り送られて飛鳥Ⅱ号は横浜港を離れました。デッキでシャンパンを飲みながらスタッフの配る箱から好きな色のテープを取り、岸壁に向かって投げました。もちろん、初めて

のことはうまくいきません。海に落ちていきました。フィリピン人の楽隊の〝I will sealing the sea〟を聴きながら地中海クルーズとは大違いだと思いました。イタリア船では、乗船するや否や避難訓練があり、すぐジャケットをつけて七デッキに向かったものでした。乗客二千人の中の二十人の日本人、理解できないイタリア語の放送を聞き、集合したものでした。こちらは何事もなく別れを惜しんでいます。

私たち四人姉妹が乗ったのは、太平洋戦争で空母・神鷹と共に海の藻くずとなった兄の鎮魂そして同期の友人や後輩のためでした。東シナ海と聞くたびにドキリとしていました。飛鳥がその最も近い地点を通ると聞き、早速参加することにしました。五人の予定が一人病気で欠けて四人になりましたが、その東シナ海は黄海との接点にある海原でした。上海・大連クルーズですので、石川忠久先生の漢詩の楽しみがあり、高校時代の漢詩を懐かしく思いました。

でもなかなか昔習った漢詩には出会えず、事前に新潮と岩波の『唐詩選』を買っていたのですが、西安や上海に関するものと知らずにいたのでした。漢詩というより漢文の方だったかも知れません。〝土佐日記〟のような荒波にもまれ、船酔い人が多く出ましたが、私はこの旅の団長の自覚でしょうか、少しも酔わずにいて自慢していると平時に腰が抜けたのか、ヨロヨロしてきました。こういう症状を何というのか知りたいと思います。地点北緯三二・五九度東経一二三・三八度。太平洋を西に上海。その前に長崎に停泊し、平日一日観光。平和記念公園、二十六聖人、グラバー邸、孔子廟とたくさん見る所があって、ハウステンボスはまたの機会にしました。上海では雨に遭いました。建物はグレー一色に見え、異国情緒と共に変化を寄せつけないものを感じました。英国支配当時のものが未だにあるのです。日本はそれに比べて明るいというか軽白というか――。また、ホームレスにも会いました。大連は晴れて広々とした市街、ロシア人街の門のようなものを過ぎると道沿いに屋台店があり、いずれも金髪の女の子の人形が待っていて、長崎の売店のに比べるとずっと異国調、薄緑と茶のチェックのドレス、くすんだ色が多く、日本人の私には考えられない色調。盛岡の街で見つけられる布地には限界があるのです。

ドイツ鉄道の旅　日本航空

（二〇〇三年四月八日〜十六日）

四月九日　ハンブルク

ハンブルクのホテルに着いて、スーツケースが行方不明となりパジャマなしの一夜。ここは駅近く、駅が見える。ハンブルクの市庁舎付近、白鳥がいたし碑《ひ》があった。昔は工場だった煉瓦《れんが》の建物が鉄道ミニチュア博物館となっていて、棟は三つあり各々ドイツのベルリン、ハンブルクの市街、スイスアルプスの風景が縮小されていて、一日の様子が分かる。朝、夜明け、昼となり夕方にたそがれていく中を鉄道電車が本物そっくりに動き回る。子どもでも大人でも楽しい所だ。殊《こと》にアルプスの氷河鉄道の鉄橋は、いつか行ってみたい所だから現実感がある。是非チャンスを作ってと思ってしまう。

四月十日　ハンブルク　ケルン—ヴィスバーデン

フランクフルトホテルで手袋の片割れを失くしたのを知った。探したけれど見つからず。いよいよ楽しみだったビジネス列車のメトロポリタンに乗る。

四月十一日　ヴィスバーデン→フランクフルト—ドレスデン

（段々面倒になったらしく何もメモがない）ドレスデン観光。ドレスデンはドイツのフィレンツェの感。美しく近くにマイセンがある。

四月十二日　ドレスデン

ザイフェル、スドルフ、ローデスフォイルオト、ドレスデン、モーリッツブルクで折り返し、ヴァイセリッツタール鉄道、レスニッツグルンド鉄道。

四月十三日　ドレスデン　ポツダム市内観光、ベルリン→ミュンヘン

四月十四日　ミュンヒェン市内観光

自由行動で、ダルマイヤーにコーヒーを買いに。一九九九、二〇〇〇年のハイデルベルクではこのコーヒーにお世話になった。

四月十五日　ミュンヒェン発　フランクフルト

（——あれあれ、航海日記のはずだったのに、いつの間にやら電車旅行とは……）

大人の休日倶楽部による世界一周旅行の一部
ドバイ　ティルベリー
（二〇〇八年四月二十三日～五月二十七日）

花巻―関西空港―ドバイ

タクシーで花巻空港に着き、午前十時二十分発の八〇二〇の三ＡＢで関西空港へ。途中、日本アルプスを見た。空港には飛行船が上がっていて、海の上には船が浮かび、おかしな感がある。釜飯を半分けしてのち荷物を受け取る。航空券は二時間前とのこと。その間の時間は食事と休息と思ったが、客がどんどんいなくなりちょっと淋しい。Ｇのエミレーツ航空付近で待機していると後ろで外国人の声がした。携帯電話をかけているのだ。その声に振り向くと女性がいる。またまた日本人がいなくなり、交互に夕食を調達に下りて物色する。お寿司とフライドポテト、ソーセージをテイクアウトする。それを日本茶で食べ、そろそろ八時はまだかと思って、後ろの女性にドバイ行きかと聞くとそうだという。バーミンガムに行くのだそうだ。イギリス人で、鹿児島で英語を教えていて鹿屋と指宿の近くだという。日本には六年前に来、バーミンガムには九十一歳のお母さんが一人で住んでいて、これからドバイ経由でバーミンガムに。お母さんは認知症が出かかっていて怒りっぽく時々喧嘩《けんか》をするという。そのレスリーの顔は上品でやさしくてとてもそうは見えない。こんな話をしていると十時になり、一から十の所に立ちんぼをする。係は四十五分にならねば開かないと言う。たった三人と思っていたら、驚くなかれ四十人に増えていた。40ゲートでまた待たされ、ファーストクラスとビジネスクラスの客が来ないらしく、結局五十分に開始となった。乗ってすぐメニューが渡され夕食と朝食が出ると分かる。メインで魚とチキンにしたら、チキンはあんなに食べたかったクスクスとラタトゥイユ。朝食は和食とオムレツがあるが、オムレツはすでにないとのこと。左側の男性は食べているのにワインを所望する。

荷物はオーバーしていたが、八キロまではサービスしますとのこと。世の中思いどおりにならないなあ。

四月二十四日　ドバイ

朝五時五十分着ですぐガイドの持永良重さんに会った。なかなか気のつく浪速女性でした。アイシャさんの運転する車でジュメイラサス・ホテルに向かい、（朝食を取ったあとだというのに）その品のいい豪華なホテルで、朝食は美味しく素晴らしかった。野菜、果物が豊富で。博物館、水上タクシーの館、ヘリテージジュメイラ、パーム、シャリフの館、シティセンター。ドバイは石油がとれるわけでないのに豊かに見える。中国、インド、パキスタンの出稼ぎの人々は二万円ぐらいの収入しかないそうだ。水、一・五リットル、三十円ぐらいで税金がないのでやっていけるのだそうだ。現地人は公務員になってるそうだ。四十五度の気温では休むことが出来るが、四十二度といって働かせることがある。街の景観はこの人々によって維持されている。会社によっては働いても給料が払われない人もあり、しかし文句は言わない。クビが恐いのだ。アラブ人同士の結婚には庭つきの住宅を与えている。

十三時三十分、乗船。これは例の海賊のせいで早まった。これは助かった。脚が痛くて大変だった。あんなに眠ったのに電車でも寝てしまった。乗船するや着替え、五時半の夕食に。グランドスパに行ったらだいぶ疲れが取れた。太陽がバルコニー側に沈む（ところが朝また太陽が昇っていた！）。夕食は和食、デザートは和菓子、せん茶。浪は出港時に荒くなり、小きざみ、中きざみに地震の如く揺れる。

四月二十五日

六時に目覚める。太陽が昇ってる。これは地図を見ないと分からない。夜明けのコーヒーを求めてパームコートへ。やっとたどりつきフルーツとコーヒー。それから下りて和食。

午前中は十時から三十分、ヒエログリフの講義を聞き、五月四日のアレクサンドリアの予習。昼食はすき焼。毎日変わる食事を作ることもなく食べるのは楽なようで苦しい。これだけの品数を家庭で手に入れるのはとても出来ない。その上、デザートはブランデーケーキ。これからは断ることも覚えなくちゃ。一休みして遊仙での百人一首で一汗流す。楽しかった。インフォーマルのウェルカムパーティは七時からパームコートで始まり、カクテル、カリブオブ・・を貰う。新しい船長は大きく頼もしい。しかし私は心穏やかでない。首飾りを紛失したのだ。好さんに言われてビックリ。レセプションに届ける。でもなりゆきまかせ。ディナーは名古屋の人々と一緒になり私たちがジュメイラサス・ホテルに行ったと知ると羨しがった。皇居にも勤労奉仕でよく行き、愛子様と父君のお揃いの乗馬服姿はとても愛らしかったとか。眞子、佳子様も自動車を乗り回し、普通の女の子と同じとか。皇居はこちらの首長族の邸に遜色のない建物と思うが、元宮殿の宮内庁はボロボロなそうな。両陛下はどちらもやさしく話し、感激のあまり涙が浮かぶとか。

四月二十六日

朝モーニングコーヒー、マフィン、フルーツ。その後、野菜、ヨーグルト、クラムチャウダーとワッフル。これでも減量しています。

九時から機関制御室見学会に、八時四十五分集合。三人で三交替、亡兄さんの通信室は鑑橋《かんきょう》にあるのは戦前も今も同じだそうだ。水は主に水蒸気から作り、一日五〇〇トン、今は五〇五トン。

今の機械は兄さんの時代とは異なり、コンピュータシステムになっている、と聞くと助かる確率は高かったのではと気にかかる。

二十七日のアデンの海の海賊対策は、その日一日、窓を締め切りデッキには出ない。食事も出来るだけ内側にテーブルを設けると船長さんが話してくれた。

今日はリドカフェで、天井、葛切りの和食を食べながら憂鬱になってしまった。あてがい扶持で考えることもせず、作ることもなくては生きてる意味（大袈裟な！）がないと。それにしても生活に困らない日本人がこんなにいるなんて……。

ヒエログリフ教室の受付は十四時からで、私たちは三回目二十八日と決まった。午前中、エンジンルームの見学を待つ間、ヒエログリフの勉強をし、自分の名前も書いてみた。夕食も和食、横浜からの二組の老夫婦と鹿児島からの姉妹と同席。この二人は私たちと同じコース。アラビア海の浪は穏やか。今夜はゆっくり眠れそう。

都市圏組の女性はムンバイで買ったらしいサリーを着用に及んで、らせん階段でパチリしている。きれいはきれいだけど、昔見た〝河〟の少女ラダ・スリ・ラムを思い出すとちょっと……となる。やはり若く美しくなくては楽しめないね。

四月二十七日

今日は例のアデン湾の海賊の出没した海を通る日。どこもかしこも椅子、テーブルは内側にしつらえられている。どうか一日無事でありますように……。外気温二十八度、最低気温二十四度というのに、室温は二十二度なのでクシャミの連発。涼しすぎてとても慣れるのは難しい。食堂でもあちこちで咳が聞こえた。用心に葛根湯を飲む。洗濯もした。朝のコーヒー、エスプレッソ、果物、野菜とヨーグルト、スープ、読書（『幻の女』）。またビストロで日記と茶（アールグレイ）。ところが白い水が来たので驚いたらティ・バッグだった！　インフォメーションで葉書を十枚調達。ひねもす碧い海を見ていると頭がおかしくなる（とにかく浪は穏やか）。食べて飲んでは横になり読書のあと、ベティーン・クレモナさんのフルート・コンサートへ。ビデオ併用の楽しいコンサート。彼女は動物が好きなそうで象亀、ラクダ、パンダ、チンパンジー、ゴリラ、馬、鹿、ロバの反応を見せてくれた。共通語というだけあって動物が近づいてくるのが興味深い。ただのフルートやピッコロだけと思っていたら、とんでもない。ピアニストのトーマスにネイティブアメリカンの恰好をさせてマラカスのようなものをふらせる。

夕食は和食、デザートは練切りのスミレ。ジョイスのおばさん（濃いアイシャドー、赤い頬紅、茶髪）と一緒になる。海賊の件は今のところ、何もない。船長は万全の備えありとか。郷愁の念が湧くようになった。何だか侘しい――。

四月二十八日

何となく落ち着かない一晩を過ごしたが、無事ジブチの角を曲がる三時四十分。朝、エスプレッソとクロワッサンと、ある人（次姉の孫）の羨ましがるスイカ、ブドウ。それからリドカフェに行って野菜とホーレン草のスープ。コンテナ船、何とか船（?）等々、近くに寄ってくる。紅海なのだ。浪は幾分、荒く感じた。

フラダンスの講習、お昼はかけうどん。それから十四時、ヒエログラフに行き、パピルスに自名を描き終了。中には要領の悪い人もいて、あっちこっち歩き字数が多いの（ヒエロだから絵なのだが）困った困ったと言っている。先生が来てミナミノミキコという名の省略図を指導していた。申告の時は前席で敵意のようなものが感じられた人だったが、今日は「オクサン、うまいね私にも書いて」等というのだ。これは記念になるのだから自筆がいいのだというと、出来ないと賑やか。前席の二人は親子、上品だが耳の遠い母に娘が指導する――「名前書くの!!」

どこもかしこも老人――と好さんが言う。本当にイモリの森かワラビ野か。体《てい》のいい老人ホームです。スパに行き好さんは横になって寝息をたて、私はパッチワークの縫い直しをする。慌てて縫った所は、少し大きくなり過ぎて、額縁布に入らないのだ。縫い直して落ち着き、眠くなったらもう十七時半。夕食はアラビアンディナー。十八時半に行ってみると屋台があり、パラソル席は満席で盛り上がっていた。スタッフはアリババかモルジアナか、ミイラ男、クレオパトラ。私たちが行ってもテーブルもないし、ウエイターも来ない。景気のよいテーブルにだけ伺いに行き、ちょっとガッカリ。しかし鈴木大輔のギター、ベティーンのフルート、イグレシアのハープ等を聴きながら上を見上げると丸いランターン型の灯――とても紅海の上とは思えず〝カワトク（盛岡の百貨店）〟のビアガーデンで花見をしているみたい。

それもそのはず十一ノットで航行するのだし、周りには人目もなし。ドンチャン騒ぎをしても誰にも注意されないのだから。船長もシーザーに扮し、ボーイに「おー、ボブさん！」と声をかけたら「違います。ビン・ラディンです」と返ってきた。今夜はリオのカーニバルなのだ!! 年寄りもはしゃいで元気。日本人の遊び方も大きく変わった。インドのサリーを身につけて踊り狂う。あとで話し合ったが、エリザベス号ではどうであろうか？ コスタヴィクトリアではどうであろう？ あんなにはしゃぐかな？ 日本人同士の快さのせい？

四月二十九日

夕べの騒ぎの収まったリド、いやパームコートで朝のお茶と果物。紅海は紅くないし、浪も穏やかというよりノット数が低いからか。

リドカフェで野菜とヨーグルト後、ピアノバーで一仕事（パッチワーク）。十時から古代エジプト講座を聞きに行く。ゲストがあとで一人現れるというのでどんな有名人？ と思っていたらツタンカーメンとクレオパトラと侍女が現れ、乳香がそこはかとなく匂ってくる。
　日本青年のファラオ姿はとてもチャーミングだった。青と金の被り物、そして目の縁のアイシャドー。その後また、ピアノバーで一仕事。昼はヘルス用でリドガーデンに行くと数人の外国人に会う。その上、ボーイのヒルバートに会う。朝はここ十一階で、夕は下に下りるとのこと。早速、お盆を運んだり、果物を運んだりしてもらった。今まではちょっぴり淋しい旅だったが顔見知りがいると心強い。

四月三十日

　今日はもういい加減――という気分。紅海は結構浪荒くて十八メートルの浪が虹をまく。今読んでいるチャンドラーのフィリップ・マーロウは博学で、その上独身者のせいか、コーヒーを入れたり、ベーコンエッグを作ったりとマメであって、その中にテリー・レノックスからの依頼によるギムレットの作り方まである。

ピアノバーで針仕事をしていたが、今日はピアニストがいなかった。そこでギムレットを注文した。ギムレットはジンとライムとローズを混ぜたもの。マルガリータにも似ている。この次はマルガリータかシャーリー・テンプルを飲んでみよう。マティーニもマンハッタンも。浪はどんどん大きくなってきて、横になっていると地震かと思うほど。昼はちらし寿司というので、食堂フォーシーズンは満席に近かった。今日の話題は、りんご、汽車等で楽しかった。浅草の姉妹も色々なことを知ってた。田舎暮らしなど。出かける前に洗濯をし、朝食後に出来上がるように。ここの生活に慣れると共にやはり虚《むな》しい感をぬぐえない。ひとときの楽園なのだ。大勢の若者にかしずかれ、盛者のように振る舞って楽しんでいても一か月後には現実がね――。

クルーズに初めての人、二度目の人、三度目の人。そしてガソリン税が上がることも誰も敢えて口にしない。夜のディナーの前に資生堂に行ったら、和服姿の女性、腕も露わのイヴニング（と言うんでしょうか）の女性もいて、店員総出で

〝美しいわ‼〟とほめたたえる。遅く予約しておいて、遅くなるのではないかと気が気でなく汗がじっとりと出てくる。いつも遅れを取って楽しい大事なところを逃しているので、今度ばかりはと意気込んでいるのだから。さて蓋《ふた》を開けるとロングが中心で日本人も変わったもんだと思う。ヴィクトリアのパーティではあまり気にならなかったことがここではとっても気になるし、日本人だけでこの有様と思ってしまう。

五月一日（木）　スエズ通過

午前中にスエズ運河に関する講演が二つあった。一つは原副艦長によるスエズ運河とパナマ運河に関する話。もう一つは松本先生の運河付近の文明の話。スエズは地図には線にもならないけれど拡大するとたくさんの湖と橋を持っている。そこをこの飛鳥ちゃんが通るのだ。いくら聞いても見ないことには信じられない。今日は午後松本先生の講義を部屋のビデオで聞いたあと、カジノに出かけた。

ブラックジャック、ルーレット、スロットマシーンをゆっくり教えてもらえ、実際にすると楽しい。ブラックジャックはAと10で21点になることでプレイヤーとディーラーが同点では引き分け、上まわったら配当、上回り過ぎると没収という過酷なゲーム。ルーレットは黒、赤、奇数、偶数、1~12、13~24、25~36の三通り。1~18と19~36、一字賭け、二数字賭け、三数字、四数字、六数字等いろいろありこれも楽しい。スロットが一番つまらない感じ。だって自動的で、あのかつてのモンテカルロのように手加減が出来ないからだ。夕食後にどうぞというわけで、三千円払ってチップを買う。これは余ったり途中で休んでも二年間は使用できるそうで、残したら秋に使えると思うと楽しみだ。早目にスパに行きカジノで遊んだせいか、暖かく楽しく満足して寝た。

五月二日　スエズ運河

六時からマッドハムディトンネル（八時）

グレートビターー湖は海のようで、水平線は右側は砂、左側は緑と白い壁の建物と低い山々。

これが地図にも載っていないのだ。右側の砂の浚渫船《しゅんせつせん》。これは常時使われているのだ。

今日の飛鳥は一番に通る。朝に見た日本丸は十番だそうだ。船長のアナウンスがしきりにあって、そのたび、右舷、左舷と走り回る感じ。

日本エジプト友好橋（ジャパン・エジプト・フレンドリー・ブリッジ）の日本の旗とエジプトの旗が手を握っていると船長さんは言うがどこにも見えない。五時からずっと起きて風にさわられたので、寒気がして気分が悪くなった。寒気というより、熱っぽくて寒いのが本当で、用心して葛根湯を飲む。ベッドに横になり毛布を二枚掛けてもらう。食堂で薬を忘れたのに気付きエレベーターを使わずに取りに行ったら、薬と運動のせいで調子が良くなった。今日は朝から運河についての放送が多いので忙しい日だった。夕食は紫波《しわ》（地名）のOさんの誕生日というので同じテーブルに着く。なかなか、面白いグループで思いがけない人々と知り合った。食事を待つ間、シャーリー・テンプルとスフィンクスのカクテル（ノンアルコール）を頂いた。そんなわけで絵も描かずじまい。

五月三日　アレクサンドリア
ピラミッドとカイロ一日観光

アレクサンドリア港は、とても美しい緑の芝生の縁どりのゼラニウムの赤、白の壁青い高い内扉。いよいよ八時半のバスでカイロへ。案内人はＮＨＫ、エジプト観光に出ていたサラムさん。日本とエジプトは色々な点で似ている。例えば神官とお坊さん。どちらも剃髪、数々の格言。街路樹はゴムの樹、これは葉が大きい。カイロより寒暖の差は小さいとはいえ、雨は年に二度程度。砂漠は開発したナツメ椰子畑《やしばたけ》やオリーブ畑になってきている。

〝ナイルはエジプトの賜物〟、上ナイル、下ナイル、エジプトの三大都市はメンフィス、テーベ、カイロであり、アレクサンドリアと続く。

道端をロバがゆく。瓶が置いてある。果物を売っている。西瓜は一つ二十円ぐらい（？）。ギザギザの階段とピラミッド（サッカラ）クフ王。

そのあたりで写真撮影。砂地は〝お光《ひかり》さま〟でいっぱい。でも水晶でもなく石英でもなく、どうやらガラスらしい。ソーダかな。こうした乾燥した土地だからミイラも出来るのかも知れない。この人々の細い指と足の指を見ていたら何とも言えない哀惜の情が湧いてくる。

五月四日

昨夜は一時過ぎに寝たので今日一日はグータラで行こうとしていたが××夫妻に声をかけられ、シャトルバスで市街地に行くことになった。アレクサンドリアでお土産を買ってないから――。結局、乳香は見つからず、これはアラビアでしか出ないし輸入品は粉末でなくて香となってるがここには無いとのこと。またの機会を期待し諦める。N野さん（イーオンの地主）とY本さんの五人でバスストップのセシルホテルでお茶を飲む。そして帰る。

船の近くのバザールで赤い被りものを買う。それから船に戻り昼食。これもリドカフェで。手紙を四時までに書けば、アレキサンドリアから発送出来るのに二人共なかなか書けず、二、三枚きり。ビストロで書こうとしたら、好さんはピアストル（エジプトの通貨）を残さないために被りものを二枚買いたいというので外に出る。値切るということが出来なくて困る。

今日は好さんの誕生日。大袈裟は嫌だというので控え目にすることにして午後ピアノバーで休んでいると大阪の男性が話しかけてきて、ドバイ、ティルベリーの話から、千五百万もする部屋が客が少ないので五百万程度に格下げするので乗ってほしいといわれた話。掏摸《すり》の話（パリは特にひどい）、部屋はどこもそんなに差はないし食事は平等で飛鳥Ⅱ号はいい。――等と話してくれた。女房殿は一泊二日のルクソール行きとか。女性の方が元気がある。それから着替え、ギャラクシー二一〇〇へ。エジプト舞踊団を鑑賞。省みれば昔、エジプト生まれのギリシャ人、ジョルジュ・ムスタキに夢中になり、〝貴方のメシタキにして下さい〟と言おうかと思ったのを思い出した。ムスターファー、ムスターと言う名前が多いらしい。〝その上の神童の名の悲しさよ、地中海に来て泣くはそのこと〟。

字が思い出せない。名前が思い出せない、書くと字が乱れる……。ディナーも美味しく無事にケーキも入手し、マーヴィンというボーイの一人で巧（弟）によく似た子がサービスしてくれ善いことずくめ。同席の茨城の夫妻は子どもが横浜とカナダにいるそうで、アメリカ航路のニューオーリンズで会いたいと思ったが、カナダとニューオーリンズ間はあまり遠いので諦めたと言っていた。Y本さんは赤坂の料亭のオカミだったそうで、いろいろ旅行していて、皇族等にも面識があるとか。冗談に〝我が家は皇室と共に歩む〟等といったら喜ばれた。

五月五日

今日はこどもの日。階上（十一階）には鯉のぼりがはためいて、風が強くバタバタしてる。

ジミー（G《ギター》）、ジェリー（V《ヴァイオリン》）、エディ（CB《コントラバス》）

昨夜は寝つかれず本を読もうとしたがやめた。一行読んでは目を瞑《つむ》るという状態のことが分かっているからだ。しかし六時には目覚め薄暗いのに驚く。考えてみると時差に合わせて寄港地毎《ごと》に時間短縮していくのだから日本の朝五時というところか。昨日のパーティの疲れ、ゆっくり起きる。浪は今日も荒い。朝食は和食、お粥にした。それからおもむろにピアノバーへ。好さんは九時から治療室に行った。その間私はウトウト寝ていた。帰ってきて（ひょうそうであった）すぐエンジンルーム（ブリッジ）を見に行こうという。十階のエンジンルームへ。兄さんの通信の場所も（大体同じそうだ）見せてもらった。船長の帽子を被って記念写真を取った。パームコートに行き、日記、手紙を書くが落ち着かなくなり部屋に戻る。まもなくクレータ島が見えるという。十三日目となると疲れが出てきて鏡を見てびっくり。しわしわのおばあさん？　それが私。それに比べると他人は誰もかれも若々しく見える。フォーマル姿でびっくりしたのが夢のよう。今日もインフォーマルというのにあちこち和服姿あり、本当に華やかだ。食事の前にベティーンさんのフルートを聞いた。ピアニストのトーマスと息が合っていて〝ズミダガワ〟だの〝夕星の歌〟（ローエングリーン？　アイーダ？）そして最後はオッフェンバッハの〝舟歌〟でしめくくる。そろそろ夕陽が沈むころ――。今夜はY本さん、Iさん（若い女性）、N野夫妻と六人テーブルが埋まり話もはずむ。ナマナかラグーナか分からないがリクエストに〝バイヤコンディオス〟を聴いた。Y本さんが随分趣味が広いんですねと言っていた。明日はピレウス。半日観光があるので早く寝ることにするが、なかなか熟睡出来ない。

五月六日　ピレウス

ピレウスからアテネはバスで三十〜四十分余り、この郊外はニースやハイデルベルクの住宅地に似ている。ヨーロッパはどこも同じと思う。でも遺跡に近づくにつれ、アテネ、オリンピックの碧い空を思い出した。そうそう、バスに乗るまでに、例のバッチをつけて順番待ちに四月五日から参加している輩はもう分かってる（学習している）はずなのに、相変わらず時間がかかる。皆、老齢者だからか。それに先日、分かったふうなことを言っていた白髪の大阪男が私たちの前に割り込んできたり、失望はなはだしい。まあともかくアテネのパルテノンにやって来た。

三十年近く昔に見た風景なのに——観光客が多い。夏休みが始まったわけでないのに、小学生あり、大学生あり、老人あり。大理石は赤あり黒あり、白あり。ここまではあまり問題なく来て土産物屋で立ち止まる。カメオは美しく、翡翠《ひすい》は緑に、瑪瑙《めのう》は赤く、黒曜石は黒く、しかし高いし、その浮彫をどれにするか迷う。

十五万円もするのだ。とうとう結論出ずじまい。何しろ時間がなさすぎる。それより早く帰って休みたい――食べて横になりたい――となる。港の無税店を見たがタバコ（ヨーロッパ、アメリカ）と酒が多くて、ちょっと首をひねってしまう。今夕もN野夫妻につかまってしまった。まあ座が白けないからよいか。ピレウスが新寄港地になった祝いのボヤージュパーティがプールのところであった。ナマナの演奏とカクテル（例によって有料）、ウソというのを注文し皆の踊りを見ていたらY本さんが〝アヤ姫も踊ろう〟とひっぱり出され、ステップを踏めないまま十分あまり。向こうからカメラマンが来て写したのが分かったが……。

食事は手芸の話、ステンドグラスの話、パッチワークの話をした。あの奥様はステンドグラスの先生とか。その上、編み物もしY本さんも編み物（若い頃）をしていたそうな。アメリカでアーミッシュのパッチワークのベッドカバーを買ったという。

五月七日　イオニア　ペロポネソス半島

疲れのせいか目覚めても茶を飲みにいくのが遅くなった。というよりここの生活に慣れ過ぎ——用心もある。

五月八日　ドブロブニク

アドリア海の真珠というだけあってドブロブニクのアルテシュタットは美しい。あの白壁も本物は象牙色だったり、薄茶に近いのに、赤い瓦屋根が（本物はやはり茶に近い）日の光を浴びて大きな塊になって、白とオレンジに浮かび上がる。ドブロブニクの港に停泊し、シャトル・バスでアルテシュタットに三十分余り、途中、岩肌の八甲田の雪の回廊を思わせる道を行く。いや区界《くざかい》（地名）かな。ピレ門を入ってまもなく大噴水に着く。その道を真っすぐに行くと左に旧総督館がある。五百メートル四方の小さな市街なので路地から山が見えて大体の場所が分かる仕組みだ。城壁を登って市街地を見たかったが、換金するのが面倒で散歩だけにした（私たちは何人かの友人と散歩に行った）。土産品はネックレスあり、服飾ドレス、アクセサリー、色々あるけれど。クロアチアらしい絵柄のトランプを買った。この国の人か観光客か皆背が高く、二メートル近くありそうなハグリットの国で、クロアチアに勝つのは大変だな（サッカー）と思う。

戻ってきたらW見夫妻がいて、アイスクリームを食べていた。そして私たちも食べた。一つ二ドル。デッキの窓から見えていた十個の小さな建物はやはり土産物屋でテーブルも売っていた。物色した末にここの刺繍のやさしい配色が気に入ってテーブル・センターを五枚買った。本当に土産は難しい。部屋に戻って外を見ると少し雲が出ていた。しかし海の碧、空の碧、赤い屋根の群落はおとぎ話のように見える。五時に離岸、城壁の近くの教会が汽笛に応えて鐘を鳴らしてくれた。

五月九日　ヴェニス

ヴェニスを海路で（海の街であるが）高い所から見下しているのは変な気分だ。大きなコスタヴィクトリア級の船が入っていた。それを見て皆驚いていたが、あの二千人乗る船に私たちは乗ったのだ。もう三人ともお別れと、カジュアルというのにおめかしをしたのだが。N野夫妻はヴェニスの街でディナーをとると言うし、Y本女史もコルノルディで買い物後食べてくるというので、やっと二人きりの静かな夕食――と思っていたら突然、買い物姿で現れて二人席をセットしてくれたVER（ボーイの名）の前で相席したいと言う。やれやれ、すぐそばの六人か四人席と思って用意しかけた彼に、奥の八人席の丸テーブルの窓側に陣取って買い物の話をする。あんなに騒いでいた割に薄っぺらなビニールの袋物でゲンナリ。世の人はあんなものが欲しいのかな。

ボーイのVER君、オリバーという。でもちょっと呼びにくい。「ちょっとバーさん」といって笑ってしまった。本物のばあさんが男の偽のバアさんに声をかけるのって難しい。

五月十日　ムラノ島とブラノ島

ムラノ、ブラノ島はヴェニスの五百余りの島からなる島の一つで、ガラス職人の島（技術を保持するために一か所に集めた）。以前の旅行では、空から陸路の移動だったので時間がなかったりして、見る機会のない所だった。今回はゴンドラにも乗らず、これだけに決めた。島といってもヴェニス湾（波止場）から水上バスで三十～四十分余り、やはり遠い気がする。しかし道標の丸太が干潮で顔を出し、それがそれなりに年輪じゃない年月を感じさせる。海水とはいえ腐蝕しかけているように見える。この街も何十年後には水没してしまう運命にあるそうだけれど。海水を閉め出す門扉を作りかけているという。そして最も昔の伝統を受け継いで、手動（?）で造っているお店を見回し、ガラスの紅茶セット（薄紫、ほとんど透明）なのと緑を買った。自宅宛てに送ってもらうことにした。結局自分の物しか買えない。それも仕方ない。トンボ玉もビーズも美しかったけれどね。ストーン、カメオもそうだったし、好さんは聡子、陽子、冨美子、真美さんの土産を心配していたがなかなかそうはいかない。ムラノ島から少し離れたレストランでパスタ、サラダ、フライ、デザートのランチを食べる。この辺の緑の植物と青空に囲まれたレストランはとても気が休まったが、好さんは体調が悪く食べなかった。Y本、N野、Oを相手したせいで神経が参ってしまい、喉のあたりが変だったという。博物館もよかった。日本でいえば雛人形の御殿のような庭園の飾り、四阿、手摺り、門、……ウーム。ドールハウスの比でない感じだ。ブラノは〝モーメントマル！〟の本に出てくる多色の家々があった。漁師が自分の家を霧の中でも見誤らないように船と同じ色に塗ったという。ポーセリンのマスクがとても良かったので、それ以上のものが見つかるかと不安であったが、エルヴィスという店で素敵なのを見つけた。そうそう、あるお店で五歳ぐらいの女の子がカメラごっこをしていて、二人を写してあげると言う。そこで私たちも写してあげましょうとカメラを持ち出した。うまく写っているかどうかは分からないけれど、と店を出たらその子が追ってきて、ポケットのあたりに小さな指先で何かを入れるしぐさをした。多分、お礼の意味だろうと推察したが、とてもかわいい子どもだった。

五月十一日

昨日のムラノ、ブラノ島は晴天と高温度の半日で、楽しいヴェニスの休日でした。私たちはムラノでコーヒーカップ（紅茶？）二個とブラノでマスクを六個買った。最初に見たレストラン付近のアイボリーのマスクも良かったが焼き物なので持って帰る自信がない。で買わなかった。ブラノで食事（いやムラノで）後、〝買い物する所があります〟とのことで行ってみたら、あのハイデルベルクの教科書に載っているような多色の家々が立ち並び（ブラノは漁師が多く網を繕うことからレース作りが始まったという）、ボビンレースやマスクやかわいい人形のドレス（麻・オーガンディ）を売っている。本当にこの島や街が潟の上に出来ているると信じ難いが、干潮で道標の三木柵の下部が一メートル近く水面に出ているのが腐ってはいないが、細くなり緑の苔のような藻がついていた。この街も何十年後には水没するそうだが、色々、手は打っているという。

今日一日は暇な日と言いたかったが、磯村氏がヴェニスで乗船し十時に講演がハリウッドシアターであるというので、疲れを理由に部屋のテレビで聴くことにした。前に何かで読んでいた永井荷風の、短期間で見た（感じた）『ふらんす物語』が的を射ていて感動した話、アンドレ・マルローやシラクは『万葉集』や『奥の細道』を読み通していたという話。学んでも身にならない馬鹿者や、考えるけれど何もしない者等、痛切なことを言われているのに割に笑い声が多い（苦笑い？）。今朝方パームコートで聞き及んだ話の数々を思い出した。〃土産物は安物がいい〃とか〃形状記憶型の服にした〃話。聞いてる方がオショスク（恥ずかしく）なる。やめてくれ。

五月十二日

ヴェニスを出航して丸一日。今朝方、メッシーナに着岸。天気？　良さそうな、悪そうな。雨傘（霧雨が降るかもしれない）とヤッケを持ったが、天気はまたまた上々で暑くなってきた。メッシーナから約一時間、トンネルの連続で山田線（盛岡駅から宮古駅までを結ぶ鉄道路線）みたいな海沿いを行くと、バスを降りエレベーターで八階へ。ギリシャ小劇場が、グレコ・ローマン劇場が、そんな高台にあるのだ。レンガ造りが石柱も折れて八割方壊れていて、今、修復中であった。タオルミナは高い山々のある岩手県人には懐しい感じのある所だが花の溢れんばかりのブーゲンビレアやサンセベリア、サボテン、竜舌蘭等、やはり南国。オレンジ、オリーブが実っている。小国《おぐに》（岩手の父の里）にも糸杉を植えたらどうだろう。開発によるリゾート化の新しい家々はむしろ味気ない。陶器の皿、エスプレッソ茶碗、ろうそく、陶器のマスク（巨眼人、足が六本のもの、メデューサのようなもの)、荷物が少ないのなら買って帰りたいものだ。夕方、食後九時二十分頃、ストロンボリ島のそばを通過、速度を落とし、活火山の活動を見る。一時間間隙の火山というが〝今日は見られないかも知れない〟のアナウンスのあと、待つこと十分。赤い火柱が上がる。それから十分後アンコールで赤く燃える。こんな奇妙な旅ってあるかしら？　治療室の件、火山の件でこの旅の元をとったようなものだ。

五月十三日　ティレニア海

やっと珍しい曇り。七時過ぎ、やっとやっと朝食に。六時に起きて朝のコーヒーを飲んでから朝食に行ったのが嘘のようだ。朝食におかゆを食べたのは二度ぐらいかな。今日はモナコまで、終日航海でほっとしている。午後、夕食にレモンチェロのカクテル、モンテカルロを貰い私が数口飲んだあとで好さんが一口すった。それからしばらくして彼女は話もあまりしなくなり、赤い顔をしてじっとしていて、すぐに立たないで、も少しここにいたいという。やっと部屋に戻ったが、熱は出るし、口が渇くし、調子が悪いと溜め息をつくようになった。九時を過ぎていたので急患で診てもらいたい――〝ここで帰れ〟と言われたら困るなあと言っている。

私も用心にスーツケースを詰めることにした。本当にだめになったら降りるしかないもの。

レセプションを通して診てもらうことになり、血圧も計っておいたが、聞いてみると熱中症の類いらしく、水分を取るようにと言ってドクターは、

「何というカクテルだったの？　もったいないなあ」

と言ったそうで安心した。〝明日帰れ〟でないから。長い間には色々なことがあるものです。

五月十四日　モンテカルロ

鷲の巣村、エズ観光の日。元気になって本当によかった。モナコとエズ（フランス領）とはほんの一足の距離で、昔に来たニースの旅を思い出した。あの時の海にせり出した石造りの手摺り……。あの頃は皆、若かった……。だが、サラセン人の侵入を恐れて、高台に城というか居をかまえたフランス人たちの生き方が、今日観光の一つになるというのは時代の流れか。今までテレビで見てきた小さな村の話。すべて朽ちていきそうな儚いものが時を経て不死鳥のように生まれ変わるというより必要性を求められるのならば、小国だって観光の一つにならないとは言えないかもしれない。それは一体何なのだろうか。過疎、田舎、貧しさ、産業がない。それを逆手に取るといっても無理のない方法で出来ないものだろうか。

展望台料、高台の教会（九時にならなければ開かない）で、入場料が十人以上になると五ユーロが半分になるそうで、一人旅のおじさんと二人組にすることにし、私が二人分五ユーロを出したのを、N尾さんという人（父によく似た人）が気にしていたらしく、私がのぞこうとした店に入ってきておつり（二・五ユーロを私に返そうとしている）を作ろうとしていたらしかった。で戻った教会で私が二ユーロ、日本のろうそくを灯していると、そばで同じように灯している（あの店は私が入ってテーブルクロスを買ったおかげ!!）。で皆が入ってきて買い物をしたので「メルシーマダム！」と言っていたっけ。そのせいで待ちくたびれた好さんの怒ること怒ること。彼女は用心のため、高く登らなかったのだ。

お年寄の面倒を見ていたのだと説明したら分かってくれたが……。下のフラゴナールの香水工場を見学し石鹸を買った。香水も色々あり杉の香りとか。帰ってから予約のパーマへ。実は髪がパサパサになり、収拾がつかずに明日のフォーマルを迎えねばならず一万五千円は高いが仕方がない。

五月十五日

磯村氏の二回目の話。とにかくヨーロッパは広く多様化しているということ。

アメリカのように白か黒かとはいかないし、形式もこみいっている。日本はアメリカ一辺倒でいるがそれは正しくない。視野を広くしておく必要がある。日本の文化は今でもヨーロッパで受け入れられているが、大方は貧しい民族の若手の夢というか理想のようである。外国語として日本語を学ぶ者が多い（例えばセーラームーン）。規則として、アメリカは金がすべてという社会で、ハーバードの卒業資格も買うことが出来、世界を英語社会にしようとしているが、歴史の国、ヨーロッパでは無理がある。例えばイギリス、執事はパリッとした服装であるのに、当の貴族はよれよれの服に吃音である。しゃれたことも言わない。だから外観から判断してはいけない。アメリカはすぐ「ヒサノリ、今日は暑いね」と直接法で言うが、フランスでは「決して涼しくないわね」という塩梅。BRICsとVISTAという頭文字、今後の世界を引っ張るのはヨーロッパの外では、ブラジル、ロシア、インド、チャイナであり、ベトナム、インドネシア、トルコ、アルゼンチンとも仲良くしていくことが重要である（小泉はアメリカ一辺倒だけれども）。

こんな話を聞いたあとでフォーマルディナーに出てみてびっくり。こんなにも日本人は踊り好き遊び好き？　コントラクトブリッジに行ってみて（十三回で二学期に相当するそうだ）驚いたことに、ここに集まる人種は皆老いも若きも元気いっぱいで遊びに夢中のようだ。そしてそれがダンスに興じている。行動派の老人というところか。これでは呆けてはいられないし、目先の利く人種になるのだと思う。まあ、ここの生活を満喫しようというのかもしれないが、何だか気分が重くなってきた。日本人だけの社会で張り切っているのかもしれないが、とても盛岡の普段の生活では考えられない。〝よく働き、よく遊べ〟？　老後は安泰？夕食前のアペリティフタイムに磯村夫妻も参加していた。でも私は落ち着かない。こういう雰囲気は何だかおかしい。ダンス音楽で話し声が聞こえない。副船長が話しかけるのは、甲高くお調子者っぽい女性だけ――。ドレスも前にも増してケバケバしくなってきて、とてもとてもまともな感じではない。フォーマルは光りもの？　やはりダンスと話し合いは別にすべきと思う。静かさを求める人の居場所がない——と思う。

五月十六日

今日は航海日。明日はマラガに着くので、昼よりスパニッシュ・ケーキの時間となり、ビストロの女の子も、フォーシーズンのルイも、ジャーメインも黒だの赤だのドレスに着替えて、ケーキやお茶のサービスをしている。レイが昨日〝明日は朝だけここで、昼からは上です〟と言っていた訳が分かった。私はてっきり、いつかの席替えで不興そうなバーに好さんが少し（十ユーロ）あげたのを見ていての言葉かと思っていたが、そうではなく、単純にパームコートにも来て下さい、との意味と分かってほっとした。お昼、越前そばというので珍しくF5に行き、例の二人の席で食べていると、隣の六人席に磯村夫妻がやってきた。嬉しいのと緊張でコチコチになるが、リドガーデンの時も、至って講話の時のように飾らない人柄だった。だって一般席で食事するなんて……。もっとも、つのだひろ氏もそうだったが。スーツケースを詰める。出掛ける時の用意に。とても重い。そのとおり早く盛岡に帰りたくなってきた。小国は……風呂場のシャワーは直ったろうか。

昨夜は寝つかれず様々なことを考えた。そして、もう秋の飛鳥（Ⅱ号のこと）は厭だ――。参加したくない。何とも日本人の貧しさの象徴のように思えるダンスタイム――。フォークウェアもこんなもの？

明日も憂鬱な気分だったらどうしよう？　と思っていたが、何と目が覚めると空腹を感じて早くコーヒーを飲みに行こう‼　となるからおかしい。でもこんな気分も十日余りで済むのが嬉しい。六階の丸い広場（あまり広くないが）には常に五旗ぐらいの国旗が立っていて、よく見ると現在停留している国、明日訪ねる国、やがての国とあるのが分かった。昨日のイタリアはもうなく、スペインとなり、ポルトガルとなり、フランス、オランダ、イギリス、アイルランド、アメリカとなる。気がつくと変わっているので、スタッフは私たちの寝ているうちに行っているのだ。

五月十七日　マラガ　ロンダとミハス

八時十分出発。磯村夫妻も一緒と思ったら、彼らはコルドバ行きであった。残念。マラガ港を離れ、どんどん山間に入っていくと、オリーブ畑とオレンジ畑を抜けて標高が高くなってくる。〝崖にしがみつくようにある村落〟と絵仲間の渡部さんが言っていたのを鵜呑みにしていたらびっくり。確かに岩棚にあるが村落というものではなく、公園のバルコニーや橋の手摺りから下を見ると目が眩むほどの低い所に河の青い水が流れている。ガイドのマチコさんも一度（下まで降りたのか、離れた高台に登ったのか……これは出来ないだろうから）体験したが二度はゴメンだというようなことを言っていた。〝戦場よ、さらば！〟のロンダの闘牛場はその登場とかでオーソン・ウェルズやヘミングウェイが当時ナンバーワンの闘牛士と友達だった由、写真が飾ってあった。座席は陽の当たらない所ほど高いそうだ（もっともだ）。ロンダは高地の街なので夏も日中の気温は四十五度ぐらいになるが、日陰は涼しいというより寒い。冬は雪も降るそうだ。その辺の飼われている牛は大抵、闘牛用であり、牛は色覚障害なので色の識別は出来ないが、長いこと暗闇にいて引き出されるため、イライラと闘牛士の房飾りについた棒で首筋のあたりを痛められ、暴れるのだそうだ。止めを刺すまでに闘牛士も生命がけで、その身体は満身創痍となるそうだ。楽な仕事ではない。客席に出るために二階に登ると下に牛舎が見えるし中庭には馬舎があった。乗馬学校があるのだ。八、九頭いたようだ。土産店で絵ハガキとガラスのぐい飲みを買う。

ミハスは高台のロンダからつづら折りに急斜面を降りる。ちょっと区界気分。咲く花やサンセベリヤや竜舌蘭は違うけれども。辻馬車に乗る。白馬を選ぶ。この二十分余りは疲れがとれて楽しかった。昨夜、中絶を金目的でなく行ってきた家政婦の映画を見て、頭が冴えて、二時過ぎまで眠れずに思い出話をしたのがたたり、行きも帰りも寝てしまう。遅く食堂に行くとバー君が待っていても他の客が陣取っていて、なかなかゆったりした気分になれず。が今夜の人々は穏やかなタイプだったので気まずい思いをしないで済み、あと少しの夕べを何とか切り抜けようと思うだけ。

ＰＳ

このスペインは乾燥している土地柄、屋根に煙突があっても暖房用でなく風呂場の空気抜きなそうだ。ロンダのガイドのホアンはやさしい目と顔立ちのスリムな俳優のウォルター・ブレナンに似る。ミハスのエミリオはたくましい。好さんはシーザー・ロメロに似るという。

五月十八日

二時に起きて時計の針を一時に戻す。そのためか七時近くにならないと目が覚めない。ぐっすり寝ても（読書しないのに）目覚めが悪く、六時のティタイムが取れない。それでも行ってみると、かなりの人が起きているのが分かる。それに

（好さんに言わせると）客種が変わってきている。ハイが多くなって静か（騒いだり、お説教するのはミドルかローなのだ）。磯村さんの講演後でもある。あまり聞こえよがしにいう人がいなくなった。それも当たり前、確実に一か月経過して、エネルギーも減ってきていると見える。耳に触れる話もだいぶ現実味を帯びてきた。年金の話、保険の話、アンチエイジングの話とか。

箸入れの袋が欲しいと東京の人たちが要求してきた。あちこちアタックしているらしい。

磯村効果というか〝今夜のメインはブイヤベースでしたね。〟は聞いてカジュアルというのに何となく物々しい。ところが磯村さんは現れなかった。昼に彼を囲んでのテーブルのあたりに美男美女が集まってソワソワしていたのにね。私は好さんのヘルシーに釣られて〝私も〟とやったらブイヤベースに振られてしまった。それが唯一の心残り。バーちゃんは少し元気がないのが気にかかる。

磯村〝美味とはトリュフやフォアグラではない。それと誰にも美味しい料理はない。美食は職業にすべきではない。ソムリエの真似はしなくてよい〟。

五月二十日　ポルト沖　ビスケー湾

段々、私は気重になってきたようだ。パームコートでも、どこでもそれぞれウマの合う人種が群れていて一見楽しそうに見える。昼食後、早目にレストランに行っていると、ダンス組が大勢入ってきた。まあ皆は三か月は帰れないから楽しまなくちゃというところだろうが、その元気なことには圧倒される。皆エネルギーを持っている。それに時間の経つのが速いこと。朝食が済んで、ちょっとボヤッとしていると昼食。また洗濯や片付け物をしていると（カメオを失くしたと思っていたらリボン刺繡のバッグから出てきた）もう五時三十分。一回目の夕食時間で、あと二時間もすれば私たちの番。お腹はそれほどすいていないのに――。そうそう四時頃外を見るとイルカがドーンと音を立てて跳ねていた。船内放送もないから誰も知らない――。

昨夕、七時から七時半、リスボンフォークロアショーがあったことを知らなかった。食事中窓を見たら民族衣装をつけた人々が手を振っていた。何があったのか分からなかったが、彼らが別れを惜しんでいたのだと今日気付き、ちょっとショック。見たかった――。ルーアンのローカルショーは忘れないようにしよう。唯一の楽しみだからね。私がこんなに気鬱になっているのに他の人々は何ともないのが不思議。やはりエネルギーと好奇心の故なのだろうか。私も随分好奇心は強い方だと思っていたが、実に心細い。よくドイツでふた夏（好さんがいたとはいえ）過ごすことが出来たもんだ。尤も外国人が多いと、あまり情報がないから、気になることも少なかった。社会性というか社交性に乏しいからなのか。知り合いになりたいと思える人がいないことも確かだけど。いつでも友人になれるわけではないのだ。最初こそ挨拶していた人々も今は何も言わないようになってきているこ とでも分かる。煩わしくなってきたのだ。芝居でいえば、三幕目あたり。このあたりで役者のアンサンブルが崩れ出した。モナコで夕食を一緒にとっていた三人連れと見えた男性も、女性の間で席のことで揉め事が出来、しばらくしたあと、男性は元どおり遅く来た。二女性は二人席に着くことで決着を見たが、私の席から見える男性の表情は堅い。好さんは後ろの席なので、のぞくことも出来ず不愉快で気分が悪くなったそうだ。

五月二十一日　ドナルド・キーン氏　私と日本語

時計を一時間進めたので、六時というのに暗くて起きる気にならない。が、まもなく七時、やはり起きて食べに行かなければ。で今日は梯子をしないでリドガーデンに直行。しかしジョセフの親切で、トースト、コーヒー、フルーツをサービスしてくれたので、いつもどおりの食事の量。一膳にすると恐ろしい。こんなに食べてるの？　レタス、トマト、きゅうり、干しブドウ、シュークルート、ポテトが野菜。それにフランスパン、オートミール、スープ。食後にコーヒー、西瓜、バナナ、メロン、パイン、ブドウ。少し日本に近づいて少な目にしないと着いてからの生活が恐ろしい。自らシェフになり、ヒルバート、バー、モデスト、ジョセフ、アンジュにならなければならない。辛いもんだなあ。

下働きのいる生活も、やっぱり捨て難い。果物はいつも五種類。リドガーデンはヒルバートの管轄内なので、ジョセフがコーヒーやらオムレツやら果物まで二人分運んできてくれる。もう旅も終末に近いというのにこれだから困る。

ドナルド・キーン氏の講演あり。それによると、キーン氏が大学時代に、隣室に中国人がいたことが漢字に関心を持つきっかけとなる。日本語も興味はあったが、中国語の方がやさしく聞こえて、日本語は戦争のせいもあり、軍国調に思えていた。コロンビア大で何処で働くか決める時にケンブリッジ大を選んだ。そこで留学して教授から日本文学を学ぶ。ある書店で古本の英訳の源氏物語を見、経済性だけで買って読んだ。そしたらその中味は、ねたみと色事はあったが、戦いのない世界で戦争否定の自分に合っていた。そのうち日本に来て京都に住み、ある旧家の離れに住んでいると、母屋には外国留学帰りの日本人が住んでおり、互いに不快に思っていたがある日、一緒に食事して意気投合した。永井道雄だった。親友になった。という話だった。

さて、ルーアンはセーヌ河口の街で、川の水位の変化が激しく、それに合わせて逆流するそうだ（スエズのような）。そして帰りも潮位が上がった時に離岸するのだそうだ。ファレーズ近くの木の礼拝堂には遠くて、タクシーも電車もなかなか難しいので、今日は諦めることにしルーアンの河口を楽しむことにする。夕食はロレンダンの所の88番で、ゆっくり食べる。今までは落ち着かなくて急いでいた。

五月二十二日

朝、目覚めが悪くなり血圧も低くなってきた。目覚めが悪いのは低血圧のせいと分かる。このところずっと目が覚めない。上が百十台、下が七十台。

好さんが先に起きて〝太陽が飴玉のようだ。見ない？〟というが私はそれを見たくないほど、十分寝てるのに眠い。確かに飴玉のような濃い桃色だ。そうそう昨日、例のコントラクト・ブリッジ初級者の会に行ったら、一組の老女に初心者はだめと言われ胸のムカムカを押さえ切れずに五デッキの飴組を見に行ったことを思い出した。指導者の彼は何度かコンテストに出ていて、最初の作品がヴァイオリンと楽譜だったとか。で、パームコートに行きトマトジュースを飲み、リドガーデンへ。エイドリアン、エドワード、……なかなか、名前が覚えられない。ジョセフは分かったが。夕べの食事は左側、つまり右舷に行く。こちらは皆なごやかな会話が聞こえ、左舷のような聞こえよがし、見せよがしがないようでテーブルナンバーも高いが、ナマナの演奏も必要がないほど、静かなざわめきでいっぱいだ。右側は個性も強いのか、かん高い声が多かった。ナマナはナンバー一から出発するらしく落ち着かなくなるらしい。こちらは十分会話を楽しんだあとなので音楽はあっても、なくてもどうでもよろしい——てな感じ。私たちのようなパッケージ組はなかなか顔なじみになれないようで（若山牧水の）〝白鳥は哀しからずや海の青空のあをにも染まず漂よふ〟というところ。横浜組は完全に出来上がっているので、一部のドバイ組は（ヴェニスで退散し、新しいヴェニス組はどこにいるのやら）入り込むのは容易でない。〝どこから？　ドバイ？〟で終わって話が続かないし興味もないみたい。ジョイスのおばさんは〝貴女たち、ピアノが好きなの？　聞いてたでしょ？　ドバイからの人がいなくなって帰るのね。でも貴女たち勇気があるわ〟と言われたが、そうかもしれない。同じ釜の飯を食べても認めようとも仲間にしようともしてくれない。第一仲間とも思っていない。多分いいとこ取りの要領のいい奴と思われているのだろう。午後四時半ルーアンに着く。それからシャトルバスでノートルダム大聖堂に出かけた。多分明日はエトルタ、オンフルールだから見られないだろうと思っていたが、本当に古く大きい。屋根というか尖塔の上は緑青《ろくしょう》に覆われている。これも酸性雨のせい？　壁には彫刻、それが遠くから見るとただの凹凸に見える。ろうそくを灯す。青白紅とフランスの国旗のように（白は他人のだが）。

帰りはやさしそうな男性と一緒に（彼は途中アプリコットを買って私たちに二つくれたっけ）シャトルバス地点に戻り、四、五人乗り。

五月二十三日　ルーアン　エトルタ　オンフルール

ルーアンがこんなに面白い所とは知らなかった。北海の内海であり、エトルタ、オンフルールに近く、河口（セーヌに続く）が入りくんでいて、干潮、満潮の差があって、スエズ運河にも匹敵する港湾になる。河というより湖と言いたいが、流れがあって、その間をこの飛鳥が上っていくと河岸には間隙的に波が立ち、大きくなり――堤防は斜傾していて水の力をやわらげていて、白鳥が二、三羽泳いでいる。近くには別荘や邸ふうなものや教会城（とてもかわいらしい）が点在していて見飽きない。木々は緑いっぱいに繁り、岸に枝を落とし――それが大きな弓なりにピンカーブを描いているので、飛鳥は二時間以上かけてゆっくりと上っていく。水が汚れているので河と分かる。世界は広いと実感した一日だった。午前OP（オプショナルツアー）でないのでグランドスパに行くとすぐ、十時となり火災訓練が始まった。ドアを閉められた。早く出て部屋で見ようと思っていたのに。しばらくして放送があって、ドアが開き、部屋に戻る時、エレベーター前で救命具を着けたケンブルさんに会った。ピアニストが救命胴着を着けているのを見ると実におかしかった。やはりスーツの方が似合ってる。しかし戻ってデッキを見ると、スタッフたちがボートに乗り（ボートは半分下がっていて、手摺りの一部が開いて入り口になっている）、五人がかりで上部のハッチを開け艫綱《ともづな》を解いた。それが十時半頃まで続き、空腹を感じると十一時過ぎていて、昼食をとり、そのままOP会場に。エトルタ、オンフルールはバス三台の人数だった。それから驚きの連続。農業国フランスの威信を見せつけられる。フランス＝パリと思っていたのは愚か。どこまでも広く続く平野、そしてきれいに整理された遠くの大木の木立、プルーストの少年期を過ごしたコンブレを思わせる。その中に白だの斑の牛たちが立ったり座ったりしているのがいたる所にいる。牛も馬も放牧されずに平地で庭先のような畑続きの牧草地で草を噛む。牛追いのようなこともいらず、畑は三年間休ませて使うという優雅さ。国の八十パーセントは平地、日本の二十パーセントとの違い。人が耕して天に至るというのと、若手が機械を駆使しての農業との違い。どの別荘も庭先にはピンクの花の樹（リンゴらしい）がある。羨しい限り、畑も牛も羊も魅力的。庭で飼えるなんて。石造り、煉瓦造りの家に憧れていたが、段々変わってきた。普通の煉瓦の角が壊れかけた家の窓のレースの何と美しいこと。住んでいる人の主張が伝わってくる。庭の椅子、テーブルも然り。レストランのテーブルクロス、椅子のクッション、皆違う（リスボンもマラガもそうだったが）。一きわ洗練されたものを感じる。

〝私と源氏物語〟

今日はキーン氏の二度目の講演のある日だが、やはり血圧が低く、七時近くまで目が覚めず、トイレには三回通った。ジュース、水、ウーロン茶と飲むのだから無理もない。それで講演は聞かずじまい。夕べはマリナーズクラブにジョイスさんと三人、十時のケンブルさんのピアノを聴きにいき、フォスターをリクエストした。飛鳥バンドの音楽はダンス曲らしく、軽快で足踏みしたくなるが、じっくりと聴きたいものではなかった。で、ケンブルさんのピアノを聴きにいったというわけ。ピアノバーゆえのピアノはスケルトン（透明な）のカワイ、ここは黒のヤマハで密室のことゆえ、一層音がよく響く。十時というのに外は明るく、離岸する様子がブラインド越しに分かる。杖で転んだジョイスさんに対してケンブルさんは椅子を寄せたりとてもやさしい。アイルランド民謡のロック・ローモンドはバグパイプの雰囲気をつけてくれた。ジョイスさんは感激して、チューリップというカクテルを自分のカードで支払った。彼女曰く、「隣部屋の鹿児島の姉妹と比較して貴女方は静かよ。あちらは陽ね。とても明るいの。一緒に何度か食事したけど、いつも笑いがあるの。貴女たちは真面目で誠意がある」という。

なるほどと思える点もあって面白い、と思ったが好さんは淋しい人じゃないかと思って心が痛むという。今日は淋しい人ばかり寄ってきてすっかりへたばったという。というわけでキーンさんには行かなかった。

五月二十五日　アムステルダム

朝日がまた紅色になっていた。夕べの風呂が効いたのか一晩ぐっすり。眠り、血圧も正常になった。七時五十分にデンハーグに行くために朝食に行き、ヒルバート君にチップを手渡す。うまくいった。ところがバスが受難。ちゃんと並んでいる所に例のチビタがやってきて一番前に立ったのだ。その上、向かいの奥方に似たグレース・ケリーなりきりさんがやってきて、またショート・ヘアのおしゃべり女もいる（これは誤解だった）。少し遅れて乗ろうと好さんは言ったが、そんなに遅くすると逆に厭な女性に囲まれてしまう。さて、マドロー・ダム。これはアムステルダムの有名な建築物を二十分の一に作ったもので、その精巧さゆえに恰もガリバーが小人の国に来たような気にさせる。また、途中、フランスのノルマンディによく似た風景だけれど、所々に運河があってオランダと分かる。これが海水より低い土地に出来ているとは信じ難い。オランダ人の努力に頭が下がる。二酸化炭素の問題も、木を植えることで光合成により水を木に吸わせることで解消している。マドロー・ダムのあとはマウリッツハイス美術館で、フェルメール、レンブラントを観て懐しく思ったら、クアハウスで昼食をとるという。クアハウス、懐かしいなあ、北海の冷たく荒々しい波頭。あの時は、立派なクアハウスに圧倒されてびっくりして食べられなかったので、今日はたくさん食べようとスパークリングワインと赤ワイン、そして冷野菜、魚、肉、デザート。

夕方はちょっとしたトラブルというかミステリー続き。第一、六時になっても船が出ない。パイロットが乗ってないので十分遅れると言い、

「××さん、レセプションまで連絡して下さい」

等の放送があり、船はロープを解いて離岸してまもなく戻る。ちょうど食事時で船内放送があるたびに皆で推測しあったりして楽しかった。どうもおかしな点

が多すぎる。××さんというのはパスポートを失くしてしまったんじゃあるまいか。岩手組と都市圏組で話し合う。

岩手「でもコピーがありますよね」

東京「コピーじゃ乗れない。船に乗るには乗船カードがあればいいからな」

岩手「いえパスポートでなくタグボートですよ。パイロットが遅れたんです。パイロットが十分遅れたために一度離岸したのにまた戻った」

東京「いや私もタグボートと思う。タグなしでMSCの船が出ていくのを俺はテレビで見た。それなのに飛鳥はだめというのはおかしい」

岩手「イタリアの船だからでしょう」

東京「いや、MSCはパナマ船籍だよ」

岩手「イタリアの船じゃないんですか」

東京「いやイタリーの船かもしれないが船籍はそれとは関係なくパナマだよ」

岩手「じゃ推測してみましょう。そして誰の意見が近いか確かめてみましょう。

六番テーブルの意見として船長に話したらどうでしょうか」

東京「船室番号でいった方がいい。匿名はだめだよ」

岩手「無責任すぎますか。権利ですが、最も近かった人に賞金として次の航海に招待する——てのはどうですか」

といった塩梅で話の弾むこと。ジョイスさんが一人浮き上がっていたが、この人どこか浮世離れしているらしい。マリナーズクラブがとても楽しかったらしく、ケンブルさんが下船したと聞くとしょげ、「私、もうマリナーズクラブに行けない、一人では」。

「大丈夫、新しいお友達が出来ますよ、といっても女一人で行くのはちょっとね。ケンブルさんがいればこそね」等と言っていると突然、

「皆どうしたの？　何を騒いでるの？」と言う。

「××さんおられましたら（帰られましたら）五デッキ、レセプションにおいで下さい」の船内放送があったことも……、知らないらしい。

その上、今日のナマナはピアニスト、エディがいなくて新しい顔になっていた。〝エーッ？　今日はなんとトラブル続き――エディがいない〟といったら〝休暇じゃないかな〟という返事。

でも、そのせいでテーブルの話があとを切らずに弾んでいく。ジョイスさんも時々仲間に入れて偶然皆左舷組で一きわ盛り上がった。結局二時間遅れて出航する。

五月二十七日　ロンドン市内観光

二時間の遅れは海の上で取り返したにもかかわらず、雨と風の悪天候のため、デッキは水びたしでパームコートに行くのが大変だった。

ジュースと果物のあと、私は五デッキに行きたかったが、好さんは何度も上ったり下ったりが厭だと、リドガーデンにしたら、ヒルバートが今日は濃緑のベストを着ていた。〝変わったの？〟というと〝今日は寒いから〟という。多分ジョイスさんとバーが待っているだろうと思ったけれど……。そして昼となりフォーシーズンに行くと、導かれたテーブルにはすでに一組の夫婦が座っていて、〝どうぞよろしく〟といっても目礼どころか素っ気ない。その上、話をしようともしない二人共、何やらヒソヒソ話、例のギョロ目のボーイ長がやってきて、おあいそを言ったらしく急に弾んだ声で笑った。バー君が先に来ていた二人より私たちに運んだのが面白くないらしく、モデストが〝お茶をどうぞ〟と言うと、〝いらない〟とこれまた素っ気ない。実に閉鎖的な、感じの悪い夫婦だった。そうなると、私は楽しいことをいって二人だけで笑うことも出来なくなって気まずい思いのまま帰ってきた。そのあとで電話がなり（午後の出発が遅れそうで心配なところに）、一緒に写真でもとOさんが言ってきた。レセプションで私たちの荷物は特別なので、グループに混じらないかと心配している矢先に、またかけてきて〝名前ぐらい、教えてほしい〟等と言ってくる。さて早々に下に降りると風のためか着岸が遅れていて、グレープスランドのシャトルバス中止のアナウンス。私が椅子に座っていると、ドナルド・キーンさんが下りてきた。どこかに出掛けるらしかった。

〝どうぞ〟ともう一つの椅子を勧めると彼は座ってくれ、つい思っていることを話しかけてしまった。日本と中国の違いについて——（講演を聴かないで済みませんが）。

後日談

今度の旅行も多難続き。まず診断書、好さんの血圧が高い。そのための薬の服用（一週間）、その後検査入院。私は彼女の血圧が落ち着きだした頃（二〇〇〜一七〇）、四月十五、十六、十七日朝方、右の腰部にしびれを感じ、十七日は内側の腹部も、しゃがむと痺れ、鈍痛を感じるようになった。十八日に中央病院で診てもらうことになり、早く行ったのに待つこと待つこと。診断した医師は何とも分からないので検査するが、結果は二十日までには出せないし、行く行かないは本人の考え次第と。で、二十一日にエコーを開始。結果、ＪＴＢ、郵船に電話（キャンセル）することに。結果は何ともなかったが技士は、これですべてが分からず、内視鏡を見てからと言い、船医がいるといっても腸閉塞になったらどうします？　何より健康です、というわけで、二十一日にキャンセルすることにした。二十五日の朝八時に病院へ。ちょっと五階の好さんに寄ると朝食中。内視鏡室には十人ぐらいの仲間がいる。下剤を飲み、ムーベンという二リットルの水を二時間かけて飲み、腸を空にしてからカメラが入る。知らずに前日の下剤が効かないかと不安がいっぱいだったが、結果は異常なし！　嬉しい。検査のための絶食で二キロ体重が減り、ドレスアップに好都合。好さんも十日間に亘る検査入院。でもこれは病気でないので気が楽、四月十日過ぎ再出発の準備にてこずる。行きと帰りの航空券が手に入らないと言われていたが、尚更悪条件続き。でもこれも何とかクリア。二人で〝何が何でも、行かずにいられるか!!!〟となった。お金も出来、スーツケースの中味が問題、靴はいくつ詰める？　ドレスはともかく、ドレス用靴二足、散歩用一足、デッキ用一足、室内用一足と五足。ドレスはフォーマル用も二着、インフォーマル用六着、普段はシャツでいいし、ドバイは夏というから半袖も、十回以上あるOP、ズボンはたくさんあった方がいいね、なんて二十キロ、オーバー。

ところが、後日談によると、服はともかく靴はお粗末な人々が多かった。服のセンスも少女趣味だったり成金趣味だったり面白い。よく分かったのは、化繊ものがメインで色も何もまとまりのない人々が多かった。リスボンの波止場を一緒に歩いた人は、ボタン色のTシャツに黒白のスカート、黒レース・ニットのジャケット（衿周り、袖口、裾周りに黒の花レースつき）に何色だか忘れたがリボンと花（コサージュ）のついた帽子にライトアップのカタログ等で見る花柄黒コンビの靴といった具合。どう見ても十代少女のような装い。派手なスパッツやTシャツが多く、モナコ時はグレース・ケリーになりきりと見える観光客（我々）がいたし、どんな時にも踵《かかと》ありのサンダルの人もいる。私から見ると日本人のセンスは？　と思える人々が多くて滑稽《こっけい》でした。むしろ物悲しくなりました。この人々が夜はダンスに嬉々としてるんですからね。イブニングといえば、肩も露で丈を長くすればいいと思うのでしょうかね。どう見ても？　というスタイル自慢の彼女たち。ヴェニスは最高に寒かったにもかかわらず勇気があるね。

エズの鷲の巣村の時は狭い路地を入っていくので、私たちのグループで道をふさいでしまい、一人の青年が困って〝ボンジュール〟といえば振り返って道を譲ると思ったのだろうに、声高におしゃべりして右に左にカメラを構える。も少しゆとりが欲しいと思うね。日本人同士というので遠慮がなく、クアハウスの昼食では、久し振りに他の人々と接したいと眼鏡の白髪女史のそばに行ったら、〝ゴメンなさい、ここには来ることになってるの〟とやんわり断られ、誰だろうと思っていたら、例のお帽子の奥方だったので、ガッカリやら、安心やら——ということもあった。また、ある時は一人の男性をめぐって（三角関係でないよ）席で揉めたこともあった。二人連れの一人のミス・マープルさんが控え目に私たちの空いてる席に座りましょうというしぐさをしたのに、女史は私たちが好きでないらしく、男性が約束を破ったことをなじっていた。〝分かりました、そうですね、じゃ私がこちらに座りましょう。長い航海ですから、こんなことで揉めるのはまずいですね〟と言っていた。どうして〝あら今日はここでしたの？　明日はご一緒しましょうね〟とならないのか不思議だ。まだまだ一か月以上もあるのにね。男性だって時には浮気もしたいでしょ（男同士でね）。紫外線予防となると手袋、日傘、黒メガネ……途中ヨーロッパ人に出会うが彼らは白い肌にもかかわらず帽子も手袋もしていない。コスメ（資生堂）の人に聞くと、紫外線は癌になるんですよと言うだけ。向こうの人はサン・スクリーンで処理してるわけ？

セレナーデ　ライン、ドナウの河旅　往復

（二〇一〇年十月三十日〜十一月十六日）

晴天、六時半目覚め、窓のステンドグラスのマルタ色を見ながら起きる。朝食、パン、トースト、野菜の残り、コーヒーで、昼用のロールパンのハムサンドとジャムサンドを作る。草花に水をやり（好さん）、私はゴミ捨て、S原さんに三十日に排品回収をお願いした。雀と四十雀《しじゅうから》、鵯《ひよどり》に餌をどっさりやる。学生協の手紙を投函。十時三十分、タクシーが来るまで炬燵に当たり、和子姉、殖子姉に電話する。天気は上々なれど寒かった。そのせいで出しなに二回、駅で二回、通して四回トイレに。脱水症にならないかなと思うほど（昨夜も好さんは編み物をしたので私と共にうとうとした）。

東京駅は何やら工事中らしく、何となく落ち着かない感じ。青いマークもなかなか分かり難かった。車中で持参のコーヒーとサンドイッチを食べ、グリーン車のサービスの紅茶を頂いた。

やはり、こちらは暖かい。五度から十五度といっていた。盛岡は一、二度だったから、暑かったり脱いで寒かったり。台風の接近のため、成田は曇天。考えると、成田を利用するのはかれこれ二〇〇二年のコスタビクトリア以来か？　ハワイも、札幌も、花巻、仙台、関空だったので、シャトルバスの場所もなかなか分からなかった。ホテル日航成田行き、16番ホーム。お部屋は広いがどことなく質素、スーツケースにナップザックから余分な物を移す。その後ホテル日航の今井さんにドイツとオーストリーの説明とパンフレットを貰ったが、一応の知識の持ち主でも私たちのような体験は持ち合わせていなかった。たくさんパンフレットを貰い、ピーターラビットの塗り絵葉書は透哉《とうや》と透希《とうき》（孫たち）に出すつもり。

十月三十日

六時に朝食と思ったのに、お互いに鍵やら物やら見つからなくて（スーツケースに入っていた！）七時過ぎにレストラン・セリーナに。計画どおりロールパンでハムサンドを作って、四つ持ち帰った。これで機内食までの食物確保というわけ。荷物が二十六・一キロとなって空港内で店開き、好さんのホッカイロを私がナップザックに移し……（スーツケースに入れなくてもいいのだ）と言われた。二十・四キロ。二十三キロまでいいのだから、でも仕方ない。衆人環視の中ではどうしてものぼせて鍵が見つからず、ナップザックやスーツケースを探したら出てきた。ホッとして身体中暑く、ホッカイロもいらないというところ。十二時二十分、15番ゲート付近でコーヒーを買って昼食（薬も服用した）。出発は十三時三十分が十四時三十五分に、到着は七時五分になった。スキポール空港がこんなに大きいとは、今まで感じなかった。夜のオレンジ色のライトの多いこと。マレーバ航空に乗り換える。アムステルダムの街の道を走る車のライトが小粒の真珠のネックレスのようだ。

十一時近くブダペストのヘリテージ空港に着く。それから三十分の移動。スキポールではアテンダントもあまり厳しくなくて、乗客の態度も悪かった。私たちの前の三人、父親と息子、養女といった感があったが、男の子の手が後ろにきて、食事時にも椅子を直さないし、父親も〝我関せずえん〟といった塩梅で、大人が直さないので、女の子も同じ。トイレに行く時は父親をまたいでいった。空港で分かったのは親子でなかったこと。ドイツ語を話していたが（コンピュータを扱っていた母親が）ドイツ人だとしたら悪くなったものだ。その点、ハンガリーのマレーバはきちんと席を直し注意していて、気持ちがよかったし、乗客も素朴な感じで目顔が会うと微笑む人が多かった。サンドイッチのサービスがあったが食べなかった（満腹だったから）。

セレナーデ号に乗ってすぐ、サンドイッチとスープのサービスがあり、気の進まぬまま好さんと行ってみたら、割にこぢんまりというか家庭的なホールでエレクトーンの演奏と共に頂く。〝うちのお父さん〟〝テネシーワルツ〟何の曲か分からずに耳にするメロディと思って名を聞いたら、〝タイム・トウ・セイ・グッドバイ〟。つい、いい気分でいたら、なんと二人だけ。〝さよならを言う時〟だった。サンドイッチにはフィンランド、ドイツ、ハンガリーの国旗がついた楊子がついていて……。

十月三十一日　ブダペスト

六時頃目覚め、血圧を計る。朝食は七時、写真を撮ったりしているうちに、ボーイは皆、東欧人。イシュトバーン、マリウス、ミルチェ。例によって紅茶、トマトジュース、パン三種類、ハム、チーズ、野菜、果物——。九時から、ゆったり観光で美術館に行く。折しもというより、十一月からクリムトその他の作品展をするという。でも十月三十一日では見られない。コートをクロークに預けて、入っていったのだが、石造りで大理石の床、柱の美術館はあまりにも広大、壮大で羨ましくなる。絵の飾りが煩くないし、高い天井で真ん中には休憩用のストーブを組み込んだ椅子がある。部屋を司る職員も美しい。絵はスペインの画家、グレコやヴェラスケス等、名作とされる作品ではないが、画集を買った。日本円にして三千円台という。英雄広場の高い塔の上に立つ大天使ガブリエル、右手に……左手に虹と聞こえたが本当か？　その近くに七人の主の像をはめこんだ円形列柱グロリエッテがある。その一人がイシュトバーン。夕べのボーイもイシュトバーン。夕方にも石の造りの建物を見て驚いていたが太陽の下に見る重厚な建物は羨ましい限りだ。先祖を敬い大切にする国民性の表れといっていいかも知れない。その上、地震のない国という条件。〝県民の翼〟でハンガリーからオーストリーに行った時、どんどん軽く明るく洗練されていく過程が忘れられない。ハンガリーは土臭く泥臭く見えたのだが、今は違う。ハンガリーはハンガリー。岩手は岩手。五時、説明会。救命胴衣やその他の船の暮らしについて。とにかくオランダ船籍というのは日本流ではいかないのだと分かる。その後、六時からカクテルパーティー。船長マーク、まもなくアンドレアスと交替、スベトラーナ、マルチン、ピーター。そしてディナー。ミルチェはルーマニアのドラキュラの子孫？　ピアノ演奏のピーターはクリント・イーストウッドの従兄？

お料理も美味しかったがお腹がいっぱい、当然のことだが。セレナーデに乗る前にスイスに行ってきた男女四人（老男老女？）、札幌から来た着物の女性と一緒になり話が弾んだ。

十一月一日　ヴィシェグラード

五時頃目覚め（実は四時前）、シャワーを浴びる。星が光っていたので今日も晴天だろう。船からすぐに桟橋があってヴィシェグラードと読めた。ラジオ体操があると聞きやってきたがその様子はなく、聞くと七時からと分かった。この辺の朝の風景は柳やポプラが多いので少し欧風だが、日本の川井の小国の景色にも通じるものがあって親近感がある。流木が多い蔦《つた》のからまる家やレストラン。どこかミュールタール・シュトラッセを思わせる。午前はヴィシェグラード城見学。丘の上の古城で古い古い、しかしながら窓枠の石は美しく切り出されていて鎧《よろい》や槍《やり》、狩猟の獲物、バイソン、熊、猪、狐、栗鼠《りす》、雉子、鷓鴣《しゃこ》、鹿の剝製があった。ハンガリーのマジャール人たちの国旗の移り変わり。紅白の縞にフランスの百合、ライオン等、段々複雑になってくる。

帰ると日本茶のサービス。お昼はセレクト。二時にエステルゴムに出発。二十数年前に見た橋脚は見事な橋になっていて、エリザベートかヴァレリアか覚えられない。この教会は確かバシリカ××といわれていたと思うのだが、巨大石（大理石）の柱、五千本からのパイプオルガン（世界で三番目に多い）とガイドのラジャさんは言っていたが、ウィーンのステファン教会、ケルンの大聖堂、一万本あるどこそことといったら、三番目でなく四番目にならないのかな。ともかく昔の人の力にはほとほと感心する。ピラミッドのような単純なものでなくて、はるかに芸術的、技術的であるし、あの巨大石の建造物も地震がなく、庶民の厚い信仰心に支えられていたのだ。このエステルゴムから法王を出すのが夢だったらしいが、逆にそのチャンスはなかったらしい。夕食は六時から。例によってあまり会話は始まらない。日本人はシャイな上に男性は無口で女房様としか話したがらないし、女性はまた、亭主かその知り合いとしか話したがらない。そこで会話がない。もう少し時間が必要なのか。ピーターさんに〝ファンタスティック〟の〝九月になれば〟をリクエストしたがなかなか聞こえないし、あれ？　これ？　と言っているうちに一休みかいなくなっちゃった。

夜八時、〝サンセット大通り〟、若き日のホールデンのやせてること。今思うとスワンソンも今の私から見れば若い若い。若いとは残酷なもので大年増だと思っていた——。

二時頃目覚めて窓に行くと壁が——。そして少しずつ壁が下に動く。運河か今四十五分。四十分頃には船が地上に出ていた。

十一月二日　プラチスラバ

朝方、四色ペンのないのに気付いた。プラチスラバに着いていて、船の上に吊《つり》橋《ばし》がある。喉の渇きと口ふさぎに三階のビブリオテクに行き、ローズヒップティを二杯飲む。マグカップなので大変だ。ガイドの名はベアーテさん。黒髪。船から見える四隅塔の城の見学。まあ色々あるというのに思い出せない。お土産に駝鳥の卵を二つ買った。無事に持って帰れるかどうか。マリア・テレジア・イエローの家のトイレを使った。下に降りて、チェコのプラチスラバもやはり素晴らしい街だった。ハンガリーもドイツもチェコもないといえる。精しく専門的に見れば違いはあるだろうが、私の目には同じに映る。雅子様が初めて訪ねたというホテルの中庭に、ドラゴンを退治する聖ジョルジュの像がある。日本大使館の前には回転寿司の店。夕のディナーでミルチェというアステアに似たボーイが間違った人にサービスしたのでオヤ？　と思っていたが、彼は間違いに気付くと、すぐ何処かに消えワインを満たしてやってきた。前より増えていたので二人でニッコリ。ディナーの際に、ウィーンの水門に入って皆、時々席を立って三階に見に行くので落ち着かない。もちろん、私も見に行ったけど。水門入りは適当な共通話題で会話がとだえがちの時に役立った。そうそう、三時の日本茶の時間があり、長崎の医師夫妻と同席になり、好さんがハイデルベルクの冒険談をしたら、とても面白がった（ように見受けられた）。

朝早く散歩して帰ってくると、桟橋の所で野球帽の青年とすれ違った。〝モルゲン！〟と言ったピーター君は、「これから街に行く。ここプラチスラバは僕の生まれた所で、母に会いに行くのだ」と言い、「午後には帰るの？」と好さんが聞くと、「いいえ、二時間で帰ってきます」と言って、さわやかな笑顔で出ていった。とてもいい感じだったよ。

十一月三日　ウィーン

五時に目覚める。朝のラジオ体操の際、屋上で水彩画を描く人が二人いたという。毎日、十枚ぐらい描いていて、個展（というか作品集）をするのだという。そして私のスケッチを珍しそうに見ていたので大変恥ずかしかった（高知の白髪の短髪）。朝食は今日はご飯。みそ汁、フルーツはアプリコット、プルーン、グレープのヨーグルト。なかなか、夫婦者は打ち解けず、殊に男性は話が出来ない、口火を切れない人が多く、二人だけの話をしている。心遣いがない。河を見ると、ウィーンの白鳥と雁《がん》がいたので、パンを千切って投げたら喜んで食べてなかなか帰らない。というちに、三階の住人や屋上の人もパンを投げて二十羽近く寄ってきた。今日はウィーンの美術館見学。豊島というガイドの話が面白くてよかった。ルーベンスや女性の心理やけわし気な顔立ちの女性が、「〝なんでそんな目で私を見るの？〟と言っているように見えませんか？」等と笑わせてくれた。画集を買い、人造大理石（最初は冷たいが、すぐ暖かくなる）の吹き抜けのラウンジでメランジュコーヒーを頂く。ザッハートルテやシュトローデルもあったが健康のため、食べない。これが正解。お昼はオペラ座近くのシュタットポルクブロウでピースのコンソメスープとウィナーシュニッツェル、トルテとスグリのザクトを食べた。コーヒーがないなと思っていたが、自由時間にザッハーホテルでトルテの土産品大サイズ四個、中サイズ六個を注文し、船便で送ってもらうことにしたあとで〝しっかり観光〟の人たちと会い、沼本リーダーとザッハーで本物のウインナコーヒー（メランジュ）を飲むことになったのだ。女性だけの方が楽しい感じ。ザッハの土産品での注文は二人共、汗みずくになった。十一月五日発送、二十三日受け取り。その後オペラ座の前で待っていると沼本さんと会い、ウィンナコーヒーを飲まない手はないというので、再び七名でザッハのカフェへ。そのうちの八十五歳の女性が八千ユーロの両替を頼んだので彼は出ていった。その前にコートを六人分一抱えで六ユーロ、クロークに頼んでいた。私と両替さんがトイレに行き、帰ってくると残りの四人の表情が堅い。「貴女、クロークのカード持ってる?」「いいえ、知りません」「じゃ沼本さんが持っていったのかも知れない。両替後、来るかもしれない」「いや彼はあとでお金を渡すと言っていたっけ」ということで皆この寒空にコートなしで船に帰らなければならないのか――。そこに両替さんがトイレから帰ってきたが、彼女が持っているとは思えない。（旅行出来るのだから認知症じゃあるまいが――）と思いつつ、「貴女クロークの券持ってる?」と聞くと早速、バッグを開けて「はい」。皆あっけにとられながらまた安心。〝沼本さんじゃなかった〟と。

前席の夫妻と話をして、岩波新書版の『言語の興亡』という本を教えられた。食事前かあとか定かでないが、ウィーンの二人の女性ブルネットと金髪の二人のヴァイオリンコンサートがあった。あまり聞き慣れない曲だったからか疲れのせいからか寝てしまった。実に残念‼　向こうの人のプロポーションにはとてもとても追いつけないなあ。ヨネヨネのいう〝ズルイよなあ、努力もしないできれいだなんて――〟とあらためて思った。

十一月四日　デュルンスタイン

五時、血圧を計る。着替えて三階ラウンジでコーヒー、読書、七時のラジオ体操、食事となる。今日は新しい人々と食事をしたが、なかなか話が出来ない。そうそう朝早く屋上で新水門が閉じて満水になるところを見た。屋上というと寒そうに聞こえるが中は壁に遮られているので暖かい。風がないのだ。デュルンスタインの街に出掛ける。小さな街なので広場に行き、水の城・ケーンリンガーに登る。これは三十分も歩く。〝さあ行くぞ〟と決意しないとだめなそうだ。私は挑戦し二十分ほどで頂上に着き、記録更新というところ。途中、いい匂いのするテラスカフェがある。ミニトレインが来るまで、店をひやかして歩く。子ども用のドレス、皮ズボン。欲しいと思ったがしずく（前述の弟の孫）の年齢と合わないのでやめる。

ミニトレインでブドウ畑の近くを通って船に戻る。お昼はカレーライスと聞いて皆喜んだ。フルコースに飽きてきたのだ。好さんとY崎さんのハヤシライスは塩辛かったとか。私は美味しくチキンカレーを食べた。その後しばらく本を読んでいたら、三時にケーキのサービスがあった。バッハウ渓谷付近の城や街を解説してもらいながら三階ラウンジに全員集まった。約三時間近く河を見ながら過ごす。三種のケーキ、ザッハートルテ、その他。私たちはザッハーともう一つを食べたが（ピーター、シェフの作品？）ザッハーを美味しく食べた。近くのテーブルにどことなく暗い感じの奥さんがいて、いつも眉根がくもっている。その人が好さんの隣に座っていて、私たちが岩手人と知ると青森人といい嬉しそうに話してきた。長いこと、地方の言葉（イントネーション）に飢えていたのだと。お年寄の介護をしていて、やっと旅に出たのに楽しめなかったと。そのうち明るい笑い声を立てるようになり——。

十一月五日　メルク

メルク。朝六時半に目覚める。ラジオ体操のあとの食事後、メルクの港付近を絵に描く。朝食はY崎さん、青森の夫妻とまた一緒になる。Y崎さんは終戦後の混乱期の話、海兵の話で盛り上がってきた。最初、どうなる？　と思った旅だったが少しずつ楽しくなってきそうだ。

メルクの修道院、天気もよい。マリア・テレジアは十六人の子に恵まれたあと、フランツに死亡されたとか、そしてここに宿泊したそうだ。その時は百人近い侍従たちを連れていたという。それだけ、このメルクの修道院は大きい。修道院になってから中庭で野菜作り、ここから見えるのはドナウでなくてメルク川。今日は水門を二、三通過した。修道院の壁の大理石もイミテーション。肌で触れて判断出来、雲が下方に速い雲行きで風が強いのが分かる。今日も脚のマッサージをする。昼食後、三時からナプキンの折り方を学んだ。講師は我らのイシュトバーン。四、五、いや六種の折り方を学ぶ。彼氏後方に陣取った私たちを心配して、うまく出来るとVサインを出してくれる。カタツムリ、ろうそく、扇、オペラハウス、舟、そして最後に手品のようにブラジャーと来た。脚のマッサージ後、本の重さ、自分の重さを測る。五十四・一キロ。夕食はお弁当。お茶のお替わりが出来なくて私たちのテーブルはイライラ。丸テーブルには、コーヒーと紅茶のカップがあるのに。ご飯はやはり柔らかい。食事の量を控え目にしているが、他の人は味が悪いだの何だのと言いたい放題。でも私は本当に美味しく食べている。香川の夫妻、高知の二人のおばさん。香川さんはご主人が無口で手持ち無沙汰の感がある人だったが、魚釣りが趣味でさばいて調理もするのだという。鰆、平目。

高知の二人は特に知人でもないらしく、赤いカーディガンのおばさんは（話が出来ずに）とても困っているように見受けられたが、出身地を尋ねられ、お隣が香川と知ると積極的に話をするようになった。好さんの前の眼鏡さんは色々報告魔のようだった。好さんを校長先生と踏んだんじゃあるまいか――。

十一月六日　リンツ

六時近くに起きる。外に見えるリンツの建物がライトアップされていて、それが左右に傾いているので面白い。ポプラの樹、メルクも木々は割に葉がついている。樅の木、紅葉もちらほら見受けられる。朝食前、昨日のナプキンのおさらいをする。昨日『モモ』というフランスの小説を読みかけていたのを探したが見つからない。イブラヒムというお爺さんのスーパーから、弁護士を父に持つ男の子モイーズは炊事（食事）のための買い物の際、万引きを覚えてやっている。そこにある日、Ｂ・Ｂ（ブリジット・バルドー）がやってきた。爺さんはＢ・Ｂのファンでニヤニヤしている。ミネラルウォーターを欲しいＢ・Ｂに四十フランで売る。もとは二フランなのに。で少年が訳を聞くと〝モモ、お前の万引きの埋め合わせをしなきゃならんじゃろうが〟と言われる。ここで二人の友情が生まれる。その話が面白かったのに食事で席を立ったあと、来てみると本はない（好さんが本棚を探してくれたのだが）。

リンツの街を案内するフリッツさんはクリストファー・プラマーのようないで立ちで高価な帽子を被っている。途中広場のフリーマーケットでの自由時間にブラブラ歩きをして、リンツァトルテの店でそれを買う。それから往路はバス、復路は徒歩でセレナーデ号へ。三時半、Ａ班というか明日下船する組のフェアウェルパーティの前触れのビンゴ大会があった。これは数字を全部出して、五つの組み合わせで決まるのが面白い。が、結局、当たらずじまい。添乗員が観光地で買い集めた品々、例えばトカイ・ワイン、ブダペストのきれいな刺繍のコースター、栓抜き、おもちゃの小さいハモニカ、クリムトの塗り絵、ディルンシュタインの杏ジャム、ミニの三種ジャム、アウガルテンのペーパー・ナプキンなど。夕食はスタッフ全員紹介。アンドレアス新船長（ウィーンから）全部の顔を揃えてみせた。そして食事に入る。今日の飲み物はニッコウのおごりとか。デザート、今日も誕生日の人がいて、バースデイの曲が流れる。その後マリアン、ピーターを先頭に〝ベークド・アラスカ〟を持って登場、花火の行列（スタッフ全員！）、それを一センチに切り分けたラズベリージャム。そうそうカクテルパーティの席での出来事。カクテルが回り、スタッフの紹介が済んだあと、彼《か》のY崎女史が皆の前に進み出て、何事かと思っていると、この席で添乗員の各氏にお礼を述べたい、そして感謝の表れとして〝(ダニューブの河の上で) ダニューブ河の漣〟を歌いますと挨拶した。しかしながら、その歌が、三回も練習したというにもかかわらず、耳を疑うような歌なので——あっけに取られた。近藤朔風《さくふう》の訳がとてもいいといい、私たちもコピーしてもらったのを持っていたが、お世辞にも聞けるものでなく、流したＣＤがザラザラで雑音を受け持ち、白髪のＫさん、黒髪のＩ田さん、高知の報告魔とＹ崎女史がさらにダーク・ダックスの唄でも歌い、あとでＩ田さんが長々と挨拶をし――大変だったよ。思えば昼食後にドナウの橋の上で〝川の流れのように〟が話題になった。歌詞でなく曲がいいのだと。いや歌詞と曲のどちらかがよくてもだめで、やはり曲。と私は秋元康をこき下ろした。そしてやっぱり耳に美しく情景の浮かぶ言葉が大事だと。皆一同そう思ってる人たちだったので、かなり盛り上がった。一人若手がいてのれないので「ねえ、小鳩くるみって子もいたんじゃない？」と言っていた。

宮崎のおばさんたちも一緒になった。昨日か今日か、口蹄疫の話が出、獣医がもっと用心深かったら被害も少なく自身も自害しないですんだろうに――と。

十一月七日　パッサウ

今日はＡ班のチェコのプラハ行き、ミュンヘン行きが下船する日。大半の人が降りる。〝席探しをしなくてよくなるね〟と言ってる人がいるそうだが、すぐB班のツアー客が来るので同じことだと思う。別れを惜しんで、しばらく屋上に。パッサウには三十人ぐらいで出かけた。

広場を通り、貴族というか金持ちの家の住居で外観は、あっさりしているが、中は豪華絢爛《けんらん》なのだという。私は一度船に帰って船着場近くの土産物屋でチロル帽を買った（ついでにカメラの電池が切れていた好さんは、その店で六本買い、写真撮りに間に合った）。案内人のイローナさんの帽子が素敵だったからだ。コートもなで肩作りでそれもいいものだ。お昼は中華というか、アジア料理なそうだ。入ってみるとアジア系の青年が一人で何かを揚げていてニッコリ。スープのあとしばらく何もこなかった。ので（実はスープのあと、一人一人の皿と、とり分けの焼飯が出ますと説明があったそうだ。残念ながら私はきちんと聞いてなかった）、あの堺のアバレン坊が「皿だ皿だ皿だ!!　皿がなくちゃ食べられない!!」というわけ。それにしても大声なので皆ビックリ。私の隣の男性は成田空港で後ろの席にいて、一人旅のO賀さんに親切にしていた人だった。そのとおり面白がり屋で明るく、いい人だった。だから、こちらのテーブルは話に花が咲く状態だった。ともかく大皿が来て、すき過ぎた胃には多すぎて皆、四分の一は残してしまった。夜のカクテルパーティは騒々しい感じ。あちこちで話し声。スタッフ紹介のあとはスタッフと写真を撮る積極さ。あっけに取られるほど。A班後の残留組はワルが多いと思っていたが、それよりB班は強者揃い、というところか。前に座った五十代の主婦は私たちの旅の金額を聞いてきた。まあ話に合わせてC・イーストウッドやヨン様の話をしたところ乗ってきた。前にもニッコウを利用して三浦××に夢中になり××ちゃんと言うほど。ピーターにエストレリータを頼んだら〝アシタネ〟と言われた。

昼食後、「皿、皿、皿がねえ」とわめいた男は、ドナウ河が増水した時に使われた鉄の棒（先にひっかけのついた）をわざわざ扉から降ろし、振り回して、イローナさんに〝ダルフニヒト（いけません！）〟と言わせて、山本（添乗員）さ

ん に〝やめて下さい〟と言われていた。このあたりはイン川とイルツ川の合流する所で、合流点を見たかったが、とても行きつきそうもなく断念。Sさんにイローナさんに似た帽子に気付いて教えてくれたご夫婦は出かけていった。この人は前日のパーティで前の席にいて、同年輩のA班の男性と本のことで話が盛り上がっていた人だ。出版関係かと聞くと、戦前に出た本で、戦後手に入ったとか、二人で喜び合っていて、本の名や作者の名は話してくれなかった。

十一月八日　レーゲンスブルク

今朝は雨もよい。朝は特別食、残留組（継続組）に日本から取り寄せた蒲鉾《かまぼこ》、ししゃも、明太子の和食が振る舞われ、席も入り口近くに設えられていた。それから濡れた舗道を歩いて出発。色々、説明があるのに覚えられない。いや覚えない。ウィンドウの帽子、靴、人形、おもちゃ等を見て頭がいっぱいになっていて、大聖堂で解散後、中のステンドグラスを見、一ユーロのろうそくを灯した。好さん、舗道で足をとられ転んだ。昼はまた、昨夜のおばちゃんと一緒になった。百五日の世界旅行が始まって三日目で九・一一のテロで御破算になったそうだ。ガラパゴスにも行ったと言っていた。今の年寄りはこわい。青春時代の借りを取り戻すべく、あちこちを飛び回っているようだ。お金の心配がないからだと思うが、ここでも不況の影はない。午後はのんびりというより、いつしか寝ていた。夕食前まで。

三組の東京組らしい夫婦の話はニッコウトラベルが高いこと、キャンセルまで長いこと。そのうち介護の苦労話になって身につまされた。三組とも、九十五歳ぐらいの親が認知症になっているそうな。

今朝、Y崎さんは男の「例の二つのエラー」(皿と棒)や、もう一人のムッツリ右門から昼食の際、女性の一人旅は何人かとか聞かれ、四人と答えると淋しいから紹介してくれと言われたそうだ。

〝一人なの？　奥様は？〟と聞いたら、〝いるよ〟と言うので〝どうして二人で来ないの？〟と聞くと、〝そんなことは分かってる〟ということだった。そしてK頭さんという、彼女の言う貴婦人に〝トイレに行くから、そこで待っておれ〟と言ったという。

ちなみにK頭さんは三重の人で、いつも身ぎれいで大きな粒の真珠等を身につけているそうな。F本さんが羨ましげに言うので、他人と比べるのはおよしなさいとたしなめたという。

好さんの足、転んだ時、近くにいた足の不自由な男性に救われた。足にテーピングをし、膝が痛いと思っていて、時々マッサージ器のお世話になった。夕食にワイン（白、キープ二二三）を所望したのにない。そこで新たに赤ワインを。道端の木に〝アルプス乙女〟のような姫りんごがなっていて、落ちているのを拾ってきて食べたら美味しかった。

十一月九日　ニュールンベルク

ニュールンベルク——どんな街だろう？

どうもクリスマスの飾り市のことしか（いや、それもあとで分かったことだ）結びつかなかったが、バスに乗って旧市街地へ。外壁のある中へ入っていくと、ここも中世の街。行きは車が渋滞。

××川の中洲だの橋がヴェニスのリアルト橋に似た飾り付けでクリスマスのイルミネーションをすることだとか……。どこかで聞いたような話が多くて——覚えられない。が、ゲルマン博物館の中のクラナッハやレンブラントの絵等より木彫りの彫刻の方が素晴らしかった。待ち合わせの〝美しい泉〟の原型や天使やキリストの像が素晴らしかった。ひとまず、水上ホテルへ。昼食はパスタ・バイキング。ドリア（ウエイトレス）はどうしたことか、ビター・ライムを忘れた。別に困らないが、彼女は実に頭がよく、人の名も覚えると聞いていたのでがっかり。ケーテの店、ビレロイ・ボッホの店へ、二時からバスで市街へ。ダルマイヤーのコーヒー、ボッホのエスプレッソセットを買うために。

二人だけになったら少々迷って引き返し、川辺のアーチ通りを歩いていたらガイドの言ったスーパー（通りに面した二階に黒いベランダのある）を見つけて入る。なさそうだなと思いつつ奥に行くとあった、あった‼　黄と青と赤を三個ずつ、二五〇グラムを四個買った（コーヒー）。そのあとでまた出口を変えたのでボッホを探すのに歩かねばならなかったが二十一ユーロを十五・五〇ユーロで四個買った。今はクリスマス一色で、昔フランクフルトで見たような皿はどこにもなく、プチフルールやスウィッチのセットが多い。夕食は香川の老夫妻と札幌の男性（セキスイに勤めていたという）と五人の話で、熊の害、猪の害、雪の害（北海道では屋根の勾配を低くし、雨樋はつけないそうだ）。この人の話は面白いというより聞き甲斐があった。家を建てる時、八十年は持つといって造ってるのに、三十年後を考えないで建てる人が多く、二十八年後で建て替える人が多いという。私たちの思う核家族の弊害だ。自分の今だけを考え、子どもの未来を考えない。そしてオーナーが死亡するとすぐ改築を要求するという。あまりに無駄、無思慮ということ。

ニュールンベルクのマイスタージンガーというとおり、ここは職人の街だ。木の細工だの柱の振り子時計、人形など、エトセトラ、エトセトラ。

十一月十日　バンベルク

朝は初めて五人での食事となった。どうも途中からの連中が騒々しすぎるので、本当に辟易してしまった。で久し振りにA組コースの女性と淋しがりやの男性がまとまったわけ。女同士、遠慮のない話のあと、四国の女性が岩手のりんご（蜜入り）を食べて美味しかったという。一しきりりんご談議に花が咲いていたら彼が、〝りんごの堅いのは食べられないが、蜜を入れるのに方法があるのですか〟と聞いてきた。好さんが樹の上で陽に当てたり、完熟するまでもいだりしないんですよと答えたら、〝あっそうですか〟。

バンベルク、戦禍に遭わずに神の守護のおかげとするカトリック教徒の街であり、ユネスコの世界遺産の一つになっている（ドイツにはあちこちに曰くのある街（市）があって羨ましい）。

旧市街は黒い石造で重厚な感じ。宮殿と言われる司祭たちの住居だった所は、畑が今はバラ園となり、その枝も根元近くで切られ三角形の木の支えで守っている。ペーパーナプキン（クリスマス用）とパン三個（プレッツェルとクロワッサン）を買う。とてもお腹がすいたのだ。ケーテのナプキンは三・五〇ユーロなのに近くの店では二・七〇ユーロだった。

今朝はY崎、K頭、A沢、嶋津姉妹、そこにK坂の六名の静かな食事だったが昼は災難だった。窓辺に向かい合って座っていたら、例の東京の騒々しいペアがやってきた上に、クリントにおひねりをやろうとした眼鏡のおばさんもやってきたのだ。しかし三人は会釈するでなし、私たちに話しかけてくる。サラダを取りに行きY崎さんが見えたので寄っていくと、例のS田さんを入れた四人が、やはり窮屈そうに静かに食べていた。

「周りが騒々しくて大変」と言うと、「こっちもよ」と皆、苦笑していた。三時半のナプキン折り教室が四時になり、和菓子の三時半はそのままなので参加したところ、またまた東京組がやってきて、六人のうちの二つの席をしめてしまった。そこに直江兼継氏（私たちのつけた名前）がやってきたのだ。昨日の続きを聞かせてもらう。お昼は食べない二食主義であること、そして、夫人のこと（あとからやってきたが昨日の眼鏡のフード付きジャケットの美しい人だった）、小国の家のこと、雨樋のこと、中山産業のベルファイアのこと、ヨツールのストーブのこと等も話をした。今日のお菓子は煎餅に餡《あん》をはさんだものと小さな饅頭。ナプキン折りの講師はデリアで王冠、舟、ジャケット、そして例のブラジャー。皆なかなか理解出来ずに、デリアはあちこち通り過ぎる。日本人は手の器用な民族と思っていたが、Y崎さんもあまり上手でない。席を替えてトランプしている彼女の所に行ったら、ムッツリO山氏がいた。好さんが面白いから一緒にしませんかと誘ったら、〝水門を見に来たから……〟と言っていたが、内心関心があったのだろう。関西から来たＩ柳という非常に活発な女性が、手品の前に色紙のシャトルコックのようなものや、レモンを入れるとクルクル動く紙の亀のようなものを教えてくれた。ただしこれは平らな板の上でないとだめなのだ。夕食は福井、香川の二組と一緒で楽しかった。このおばさん、十平方メートルの畑に、小麦を作り製粉し、全粒粉でパンやうどんを作るのだそうだ。おじさんはあまり動かず、畑に連れていくと〝何をするのや？〟と聞くので〝そろそろ政権交替しましょうか？〟と言ったりするそうだ。また密造酒を作るとも。ただし、梅、杏の果実を砂糖に漬けただけ、アルコールは入ってない。私もボケ酒の話をするとよかったな。やはり男性は動かない。例えば時計の電池替えや、螺子《ねじ》を入れたり電球を替えたりとか。このおばさんは小麦刈りを手でしていたが、中古の刈り機を買ってやってみたけれど、上手《うま》くいかずにまた、手で刈ることにしたという。旅も折り返し点を過ぎ、下り坂になってしまった。朝の絵描きも写真もしなくなった。

段々暗くなってきたからだ。皆も疲れが出たか、七時のラジオ体操前の人だかりがなくなった。前半の人たちは割に静かな人が多かったので騒音に苦しめられることはなかったのに、後半の人々は我がもの顔の日常振り。今日は二十五年振りのローテンブルク訪問なので、少しばかり興奮している――。ディンケルスは小麦、ビュールは丘の意で、ここも穀倉地帯らしい。昔はじゃが芋しか獲れないといわれたドイツだが、温室やビニールハウスで作れるようになったそうな。ディンケルスビュールや、ローテンブルクも周りに城壁をめぐらした中世時代からの街で、ロマンチックとはローマに巡礼に行く道筋という意味だった。途中、トイレ休憩をはさんで二時間余りでディンケルスビュールに着き、ドイチェハウスというホテルのレストランで昼食。大聖堂の石畳には収復当時、寄付した人々の名前が所々に刻まれている。十五人ぐらいの幼稚園児が通ったので写させてもらう。とてもお腹がすいていたので、シュピタール・カフェ（昔は時間で木戸が閉まり、それにあぶれた人々を受け止めて食事を与える、ホスピタルのこと）で、好さん、

Y崎さん（二人はメランジェ）、私はエスプレッソを飲んだ。集合時間になり、好さんに勘定をまかせて外に出た。あとで私の荷物ぐらい、持ってくれてもいいのに――とうらまれた。ゴメン。ドイチェハウスはトイレが地下で、赤いタイルを降りていくとチェスト、また行くとA・クリスティーの本の中にある死体の入りそうな古いチェストがあり、その先に小便小僧とオマルにしゃがんだ女の子の印。飲み物は黒、赤スグリ。お向かいには直江兼継夫妻、見れば見るほど奥様は市村正親そっくり。しかし彼はあまり話しすぎたと思っているのか、目も合わさず、どことなく片苦しい。好さんはそれを感じたかどうか、色々話しかけたので彼もほぐれてきた。飛鳥Ⅱのこと、イタリアのこと等、話し出してきた。私がトイレに行っているうちに犬の写真を見せてもらったそうだ。彼は生きているうちにまた、旅行出来るかどうか……等と気になるような、自慢ともとれそうな言い方をした。犬がいるからだという。また、バスに乗りローテンブルクへ。こちらの城壁は高いけれど上を歩くことが出来、所々に登る階段があるそうだ。まず市

参議員会館、例のビールのからくり人形のある所、市庁舎の角の石段でM石さんたちと見たことを思い出す。聖ゲオルグ教会（農業の守護神で竜ドラゴンを退治した）にはイエス・キリストの聖血が三滴おさめられているという。このあたりはというより、バンベルク教会にもあったが、外壁の所にキリスト受難の像があって、誰でも見ることが出来るのだ。まあお地蔵様のようなものか。ここでも一ユーロでろうそくを上げ祈った。今後の無事と皆の健康を。自由時間に犯罪博物館に行き、昔ドゴール空港に忘れてきた

のと同じポスターを買い、首つりの写真を撮り、向こうの家族で写そうとしているところをパチリ。女の子が小さいのに同じくやりたいというのだ。五時十五分にヴィルツブルクの波止場に着いたが、見るとセレナーデ号が無いではないか。バスが行き過ぎたので添乗員が集まって鳩首会議。そこで歩くことになったが、たいした距離ではなかった。夜のディナーは東京からの三組と一緒で、佃島から来た（奥さんは宮城、夫君は山梨）が気さくで、お土産の話（孫には迷わずに笑顔を想像して買うのだが自分のものは――）等、何を話したか忘れるほど話が弾んだ。その一つ、アダム（ボーイ）の話。〝君ユーモアが分かるね〟と別のウエイターのマリアンにお世辞をいったあとやってきたアダムに（三十代かな？）、

山「君の生国は？　ルーマニア、ハンガリー？　ああ胸についているね」

ア「貴方の生国はアフリカ？　アジア？」と聞かれ、「日本だよ」と答え、

ア「私はハンガリー、ブダペストです」

山梨君ちょっと好感を持ったらしく、

山「君、結婚してるの？」

ア「いえ、まだです」そうか、じゃ日本の……紹介しようかな？

山「日本の女性をどう思う？」

　アダムはゆっくりひとわたり周りを見てから、

「皆さん僕より年寄りだ――」と答え、皆大笑い（だってほとんど年金生活者だったもの）。

十一月十二日　ヴェルトハイム

　今日はヴェルトハイム。小さな街だそうだ。ラジオ体操後、Y崎さん、トランプの七並べを覚えられない。朝食は六人組で話が昨夜の〝たそがれ清兵衛〟を見た話になり、私がどうも岸恵子の口調がこそばゆくて――というと三重夫人（K頭さん）が「私女学校で岸恵子と一緒だったのよ」。皆「え？」、

「とても美しい人で今より腕なども骨が見えるような細さでね」

岩手「小説家志望だったそうですね、彼女」
三重「そう、文学少女だったの」
香川「で、〝君の名は〟に出てから引退してフランスのイヴ・シャンピの奥様になったんですね」
と四国の女性。というわけでK頭さんが現在、三重にいるが横浜生まれとわかり話が弾んで皆楽しそうだった。
　天気は曇りだけれど10度。ヴェルトハイムは案内人なしで街を歩き古城に登る。頂上まではいかず九合目まで登る。下りて水上ホテルへ。昼は丸テーブルで東京の二人の女性と添乗員の板垣さんと小坂さん。野球の話に花が咲いた。板垣さんは松井秀喜の後輩でファンだという。イチローはどうも喋りすぎる。楽天の星野監督のこと、日本ハムのハンカチ王子との対決のこととか。昼に似顔や絵を描いているると初日のオヒネリさんが通りかかり、私は絵付けをやってますという。ポーセリンやボーン・チャイナ等を使って。ヘエーッこの人が。静物から風景に変えようと思ってる由。昼食後チターのトミイ・エマーソンのコンサートがあった。あの好きな〝ウィーン我が街〟を聴くとこのヨーロッパ、ドイツの美しい風景の中で興奮してくる。チターの名手五人の一人なそうだ。あと、CD、DVDを三十ユーロで買いサインを貰う。チターで聴く〝故郷〟のアンコールはとてもよかった。民謡の持つニュアンスが感じられ、いつも聴くより身に沁みた。風のためミルテンベルクに着くのが遅くなり四時近かった。ミルテンベルクのドナウの真珠といわれる小さな街を歩いてみた。五十パーセントOFFとか、どこかに不況の匂いがする――？　分からない。どの店の売り子も変わらないように見える。無表情というより普段からそうなのだろう。夕食はお弁当。お弁当は人手をわずらわさないのでいいのだが、食べ終わるのが早くなってしまい、手持ち無沙汰。話もあまり弾まない。ポーセリンの絵付けをしている女性がやってきたので白い皿ならなんでもいいのか、窯は？　と聞くと窯は電気窯で油を染みこませた絵の具を使うと言っていた。フランス国籍の河舟で黒海からの帰り、外国人の中に放り出されて自己紹介をする破目になりかけたところを、添乗員に救われたそうだ（そんなことってあり？）。

十一月十三日　ハイデルベルク

いよいよ究極の日が来た。フランクフルトの気温は十四度で暖かだが向こうは寒いのでは？　興奮しないように朝食は控え目に。夕はS田さんの誕生日なので女性六人で祝ってあげることになっていた。で早目に丸テーブルを誰かが得ること――なんて厭なことを言っていた。私たちは一昨日のローテンブルクで買った民族衣装を着ることを考えていて、夕の食事時間まで裾上げや仮縫いをすることにしていた。八時十五分に出発。一〜二時間、ハイデルベルクに着き弥生クノールさんというガイドと早速ハイデルベルク城へ。中央駅―ビスマルク・プラッツ―山城。赤い城はちっとも変わらない。カール・テオドールという王が建てたという。アルテブリュッケのテオドール・ホイス橋の由来がわかってきた。直径七メートル、二十二リットル（?）入るワイン樽（昔は税をワインで取ったそうな）から、〇・五ミリリットルのワインを飲み、例のグラスを貰った。メンザの方向に行ってみると変わってない。よかった。大学は只今、化粧直しの最中で幕がかかっていて、アルテは美術館になっていた。ハイデルベルク城は昔、バイロン、ハイネ、ブレンターノ、日本の斎藤茂吉、河盛好蔵等の来た所。あとでY崎さんが、茂吉の〝高々と登り来たれる白き門このあたり一帯の赤き門〟の歌を教えてくれた。本屋に行き、大きめの辞書を探したが一つもない。韓国、中国、トルコ、ロシアはあるというのに。マイナーの中から転落か。大学広場近くのレストランでの昼食時、十代らしい青年が甲斐甲斐しく働いている。〝何歳？〟と聞くと〝若く見えるか大人に見えるか？〟だって。好さんが〝若く〟と答えると首をかしげる。嬉しいのか残念なのか――そう思ってみると大人に見える。今日は土曜日なので手伝っているのか分からないけれど働くことが身についてみえる。

その後バスでマインツへ。一緒に食事した白髪の眼鏡さん（男性）は家でも調理

するとか。奥様も言葉がきれいで、きっと教授に違いないと推察した。マインツはグーテンベルクの印刷機のある所だ。前に小旅行で来た覚えがある。あそこの市場で他グループの日本人女性に声をかけられ、〝フェリエン・クルスの旅行なの〟と答えて、驚きのマナコで見られたのを思い出した。
　夕食はS田さんの五十七歳の誕生日なので、ドレスを着るのだが早く行って人目に晒されるのが厭だから、電話で遅くなりそうで誰かに席取りをお願いしたい旨当人のS田さんにお願いし

たら、〝大丈夫、K頭さんはいつも早いし、私も行ってます〟。例のドレスは身頃が、二重三重で寒くはなかったけれど、デザートの前に中座してしまった。戻るとすでにケーキは彼女の前に。二人が民族衣装で出ていったらクリントは〝ホウ〟というような嬉しそうな顔をしたそうな。S田さんもF原（高知）さんもK頭さんも喜んでくれた。K頭さんも姉と同じような青のツーピースだったので、髪の白黒が引き立ててあってよかった。私のはそれに比べると子どもっぽい感があるけれど、マルチンもアリエンもびっくりしてよく見にくる。香川のおばちゃんは「何処で買ったんですか？　ドイツの女性が入ってきたかと思いましたよ」と。皆で記念撮影をした。部屋に戻ってスーツケースに、コーヒー、本を分けて入れ、衣類はボストンバッグにギューギュー詰め、最後のディナー用以外しまってみたら、荷物が増えていて重くて大変だった。

十一月十四日　リューデスハイム

今日は晴れ、オリオン星座が見える。午前中、リューデスハイムの街散策。午後、食後ベランダやラウンジでライン渓谷の城めぐりと三時のティータイムという予定。

リューデスハイムの街は日曜日。開いているのは、パン、コーヒー店のみ。散策後、ショーウインドーをのぞき、帰ってきて川端で絵を描いてると影法師が。見ると二十歳ぐらいの青年。描かせてくれないかと言うと、ノー、ノーと否定され、前に描いた絵を見せてもノーだって。この辺は白鳥が十羽近くもいて、人を見ると寄ってくる。手ずからパンを食べ頭をなでてもらっている。昼食はカレーライス。近くに来たK坂爺さん、「らっきょうや福神漬はないのか、肉もビーフ一つしかない」と今日はブツブツ言っている。

K頭さんとF本さんが向かいに座ったので、私たちと話すことになる。本の話になり、日本物より洋物の方がいいと。ヘミングウェイ、モームは読んだそうだ。

日本人では村上春樹がいいという。しかし、サローヤン、サリンジャーは知らなかった。この間、本を読むのに照明が暗すぎるのでペンライトをつけて読むのだという（フーム……）。意外と面白い男らしい。

さて、ラインの宝石の古城めぐり――。小旅行の時は皆の似顔絵描きでほとんど城を見なかったし解説もなかったように思う。ここの城は通行税を取るためのものが多い。そして皆の好きなハイネのローレライ。この辺は川幅が狭く、夕方の赤い光で目が眩《くら》み座礁するのだという。今はそれほどでもないが、ローレライの岩の崖もどれだ、どれだ？　と思っているうちに通りすぎる。流すメロディも尻切れトンボで面白い。屋上は風が強く寒いというので、ダウンコートを着ての鑑賞。陽がかげりかけて寒かったので、ラウンジに移る。夕べのデザートはザッハートルテ二種。私は二つ取って二つ食べた。今朝、ピーターが焼いたのかな。そうそう今朝はピーターの似顔を描かせてもらった。

とてもいい顔をしていて計算機を手に、計算に余念がなく、モデルとして恰好な存在だった。あとでマリウスも描かせてもらった。彼はもう一人の女性と白鳥にパンをやっていたっけ。屋上のラインの時もホットワインを配っていたっけ。彼は最初堅くなっていたが、段々に笑顔になってくれ、パンを白鳥にやっているのをとがめられたと思ったのか、頑なに思える口調で〝貴女方のパンじゃない、クズになったのだ〟と言っていた。〝リラックスして〟と言っても堅かった。「ルーマニア生まれならコマネチの国ね」と言うと、「そうコマネチ」と言い、それしか知らないのかと言いたげだった。あれから二十年も経っているのに——ね。

十一月十五日　ケルン

いよいよ最終日。誰も落ち着かないらしく、五時頃からあちこち音がする。私も起きて血圧を計る。午前中は朝食、ビンゴ大会とのんびり出来るので嬉しい。昼食後はケルンの市内しっかり観光。いよいよ上げ膳、据え膳の生活から足を洗うことになるが、盛岡の生活も捨て難い。四十雀《しじゅうから》や雀、鵯《ひよどり》は人間不信になっていないだろうか。大聖堂の中に入り、ステンドグラスを見る。外からは黒っぽいガラスにしか見えないのに、中に入ると色が分かる。二人でろうそくを供え、航海の無事を神に祈った。そして夏期講習の夏の日を思い出した。トイレに行き一ユーロを両替出来ずに困っていると、緑のセーターの女性が五十セントを貸してくれた。一ユーロあげようとしたのに通行人だったのか、もういなかった。このあたりはローマ時代の遺跡やタイルがあって、外から覗《のぞ》いているうちにクリスチャン（案内人）に連れられて見た記憶が戻ってきた。大聖堂の前の大道芸人。パントマイム、アコーディオン、ギター、黒人の青年が民族楽器を弾いていたが、お金を入れる人はいない。パントマイムは面白いから、お金を入れて写真に入ってもらったり、握手をしているが。そこに五人組がやってきて、バイオリン、アコーディオン、バラライカでパッヘルベルのカノンを弾き出した。音も揃い、聖堂の前でのカノンはぴったりで、お金を入れる人が多かった。私たちも入れた。帰りは歩いて、早い時間だったのでイシュトバーンを見つけ描かせてもらう。先にマリアンに会い、〝ひま？〟と聞くと、〝うん〟と言うので個性的な顔を描かせてもらったら、〝ありがとう〟と言いながらレストラン（食堂のこと）に入っていき、その場にいた仲間が何か言っている。きっと彼らも描いてほしい——と思うだろうな。それほど、彼の顔は個性的でよく描けた。イシュトバーンは真面目で、じっと見つめるので描き難かったが頭の上に冠をつけたらとても喜んでくれた。フェアウェルパーティで、スタッフの写真は柱が邪魔になって撮りそこねた。地下のピーターも。三重のおばさまは、今日はグレーのラメ入りジャケット。O泉さんが出てくると、〝私あの人苦手なのよ〟と囁《ささや》いてきた。O泉さんは地味で大人しく控え目だし、どちらかというと自信なげで、後ろに後ろにと行くタイプのようで、I垣さんやY本さんに比して強くないし、他の人々は若すぎるし——。

十一月十六日　アムステルダム

五時過ぎ、目が覚めた。好さんはスーツケースで一生懸命なのに、私はミルチェ伯爵の肖像を描く約束をしていたのだ。六時頃にはラウンジに行き、ミルチェの肖像を描いた。昨日のイシュトバーンといい、彼もしっかりこちらを見ている。でも、これは絵を描く者の喜びというものだろう。あまり、うまく描けそうもないのに。今度の旅行の取材としては不可欠だったが、至る所にあるモデルを生かしきれない（彼らも忙しいし、また接触しなかったのも悔まれる）のが残念、しかしながら風景よりも人物の方がずっと面白い。なにしろ生きていて表情がよく分かるのだから。風景は、船のスピードについていけなくて、あまりいいのが描けなかった。

アムステルダムは（つまりオランダは）、暗い壁に白い縁取りの十字の窓が特徴で、今度建てる時はああいう家を作りたいものだと思った。九時というのに、太陽が出てるというのに、霧というか靄《もや》の立ち込める中をバスは行く。白い太陽。一時にトイレ休憩後、一路アムステルダムへ。十二時過ぎ頃、やっと到着。徒歩でレストランへ。ここはインド人の親子が経営していて、早速水を所望したが、なかなかこない。三重さんが〝早くって言った方がいいわよ〟と忠告してくれたので言いに行くと、〝あとで〟と言う。私の薬は食前薬なのだと説明すると、水を切らして今買いにいくところだと。だいぶ遅れてミネラルウォーターが登場し服薬。デザートは出ないかも知れないと言っていたのに出てきた。美味しく頂き、二階のトイレを拝借し、徒歩でバスへ。行きと帰りは反対なので、橋を渡らずに向こう側に行こうとして、小柄なおばあちゃんに止められた。特徴あるレストランの窓飾りを見ていただけなのに。ミネラルウォーター二五〇ccの壜《びん》で薬を飲み終えると、五〇〇ccの水もやってきた。三重夫人は〝この少ない方を私が頂くから、大きい方を二人で取って〟と言う。悪いと思いつつ見ていると、彼女、やおら袋を取り出した。かねがね姉からクイーン・ヴィクトリアのスワロフスキーのブレスレット講座で作った素敵なものを聞いていたので、それだと思い二人共かたずを飲んで見つめていると、何と薬――それもかなりの数、彼女もあちこち満身創痍の人だった。だからいつも〝ゆったり観光〟にしていたのが分かった。

〝これは××のこれは○○の……〟と説明してくれた。全然厭がる様子もなく、むしろ面白がっているように見受けられた。いつか席が一緒になった際（多分七日以降と思う）、Y崎さんが彼女の前に座っていて、〝あの方十年も仕事をしてきたというけれどどんな仕事？〟と聞いてきたので、〝よく分かりませんが、ボランティアの仕事と言ってましたよ〟と答えた。実際、具体的な話は出なかった。S田さんは保健所関係で色々な人に接し、〝私は誰ともご一緒出来る〟と豪語していた。が、どこか淋しそうだ。スポーツもし、絵手紙も書くと言っていたが、この旅では少しは悲しみを忘れることが出来たかしら？　よく見ると夫婦者も多かったが、一人旅の男女も多かった。三重夫人、香川のねえちゃん（ちゃんと夫がいますって）、S田さん、Y崎さん、K坂氏。東京の八十五歳のおばあちゃん（A・Bコース）、G藤さんも一人だったけど（伴侶はいるんでしょうね）、一人でも淋しそうでなかった眼鏡の白髪のおばあちゃん。いつも静かで礼儀正しく上品だった。まだまだ経済的に豊かな人々が多いのだ。例えば堺の暴れん坊（三階のロイヤルとか)、三重夫人、S田さん、香川のおねえちゃんは三階組らしかった。

ただ旅を満喫したのは岩手のおばちゃんたちですよ。

セレナーデ東欧五か国、遥かな黒海へ続くドナウ河の船旅

（二〇一一年九月二十九日〜十月十四日）

九月二十八日

昨日二十七日は二十四・八度あり晴天だった。最低気温は十三度。今日は八・一度。それにしては暖かい。昨年は十月二十九日出発で朝は〇度だった。一と月違いで何という暖かさ。

今年は気候もかなりおかしい。二月にオークランド地震のあとしばらくして、三月十一日午後二時四十六分に大きな地震があった。マグニチュード9・0というのだった。私たちは午後に買い物とガソリンを満タンにして、帰り届いている十一缶の灯油を物置に収めることになっていた。私が家の中を通して缶を運んでいるとグラグラした。揺れているのが分かったが、ゆっくりとした動きだったので、缶を出したままではまずいと物置に運んでいた。好さんが地震だよと言い、テレビをつけたがつかない。すでに停電になっていた。揺れは収まったが、何も分からず時計屋から購入したラジオを入れる。まだ明るいのに落ち着かず、夜はろうそくになった。幸いなことに水道とガスは無事で、あのような激しい揺れだったのに奇跡のようだった。お米もホットケーキの素も粉も十分ある。いつも多めに買い物しているのが幸いしたようだった。と、こんな年だから、あんなに楽しみにしていたのに、震災で私の個展が四月二日から六月二十六〜二十九日に変わり、そのために写真やパンフレット用の写真撮影、その他、印刷と一週おきに来るF川さん、I根さん、T橋さんたちと落ち着かない日々と、絵を出したり、収納したり……の繰り返し。で、何とか個展も済み、釜石の神林俊哉夫妻、府中の高橋哲哉夫妻、大阪の貫井昌博夫妻、札幌のS田さん、が来盛して四日間で三百数名も来客があった。忙し過ぎて小国にはなかなか行けず、六月の中旬に種まき、七月一回、八月は十四日に日帰り墓参。九月は十一日の知事選のため、盛岡に戻り十二日は甥《おい》の康孝、来村のため、また小国へ。そして十五日に帰ってくる次第で、これが七十二歳の現実ですよ。やっと旅の準備を始めたのが二十日頃、でもとにかく今はホテル日航成田の五七七号室にいる。特別なエピソードなし。

じゃなかった、ジパングの私のカードが期限切れで、帰ったら連絡しなくちゃならない。八時四十分集合、今年の仲間はよく分からないながら問題なさそうな気がした。

車椅子の男性とその無表情で何もしないつれあい。連絡、傷害保険とサーチャージ代をおさめるともうバスに乗る時間で、ロビーで一緒だった（前回）東京の若夫人に会った。ヴォルガに行くそうだ。十一時十分のＯＳ（オーストリア航空）、〇五二でウィーンへ。ウィーンでは十時間近く待ち時間があるそうで、ザッハーのコーヒーを買いたいがどうなるか。ウィーンには三十分ぐらいで着いた。しかし二十時五十五分発までの長いことと、十二時間の飛行で疲れきってしまい、何もせずに31番のロビーで待つ。ＯＳ、九二九ではクッキー程度の夜食だから、何か食べていた方がいいと言われたが、何も食べずに人々を見ていた。彼らの容姿の美しさは歩き方だと好さんは言う。フライトの中でも高校生に見える女の子の身体の線の美しさ、柔らかくて……。聖マリアンナ医大の医師のヨネさんじゃないが〝ズルイよなあ、努力しないで美しいなんて……〟と言いたくなる。服装も皆、地味で落ち着いていて、靴といい色彩といい派手なおかしい人は一人もいない。これは女性も男性も同じ。日本人の好きなチュニックはここでは見られない。さて遅く、二十時五十五分が二十一時十五分近くに出発したが、機内ではコーヒーとミネラルウォーターだけだった。遅れを取り戻し、早く着いた。四十五分かからなかった。遅くなった理由は日本人がさっさとバスに乗らないからだと思っている。話に夢中なのか疲れて動けないのか年齢による遅れか……。割に自分勝手な人が多いと見える。で一時間十五分というブレッド湖には一時間三十分もかかる。ウィーン、クラーゲンフルトからの旅は夜景が美しかった。まるで地上に絵を描いたような美しさ。金と銀に青や赤、黄が少しまじって。

九月三十日　ゴルフ→イヤゼロホテル

七時レストランで香川の夫妻、高知のおばちゃんたちに再会した。好さんの眉毛がかゆかった原因が分かった。ホテルの周囲を少し歩き回った。湖の向こうにアルプスの片鱗が見える。アイガー北壁か。朝食は昨夜の恨みでたくさん食べた。レセプションで地図を貰う。湖近くのホテルから三十分、ブレッド城につき、石畳の急な坂を登る。博物館を兼ねた城があった。

昔の土地の人間が靴（モカシン）を履き、麻や木綿、毛の服を着ている。土地から出た出土品は皆繊細な芸術品といったところ。どこにもテラスがあって客を待っている。特に今年は暑さが続くので観光客様々だ。また下りて、バスでボート乗り場へ。二、三か所ある乗り場から屋根付きボート三艘《そう》に十五人ぐらい分乗してサン・マリア教会のある島へ。教会には百数段近い階段があり、結婚を許された二人は、男性は花嫁を抱えて上るべく肉体を鍛え、花嫁はダイエットに励むとか。その階段を登りきらなければだめだからだ。教会堂には愛の鐘があり、誰でも鳴らすことが出来るがルールは一つ。聖堂のマリア様に向かって立ち無言で、三度願い事を唱えながら綱を引く。鳴れば願いは叶うが人に話してはならないそうな。私たちも皆やってみたが綱の重いこと！　一度引いたら上に戻してやり、また下げて戻してやり……したら一つだけ鳴った。スロベニアは国名にラブの文字が入るので、それを売り物にしてクッキーを作っている。五ユーロ、鐘は四ユーロ。それからボートでまたバスに戻り、レストラン、チリへ。女性ガイドはクセニアさん、ボート漕《こ》ぎはレオポルドさん。バスの運転手はデヴィットさん。チキン（七面鳥）のシュニッツェルは美味しいのだが、今朝たっぷり食べたために入らない。スロベニアの赤ワインも美味しかった。途中ボビニ湖の展望台に行く。スキー用のリフトを兼ねていて、〝島〟といい山小屋や小鳥の巣箱ふうの間仕切りが楽しい。石灰石に覆《おお》われていた。ここでかわいらしい女の子二人を連れた若い夫婦に出会い、写真を撮らせてもらい、住所を教えてもらった。ボビニ湖の周辺は小樽《おたる》のような景色でもある。ところで、こちらの父親も母親もたのもしくたくましい。父親は子どもを肩車して動じない（もっとも身長も大きいが）。子どもで悩むというふうでなく、子どもも至って静かで素直で邪魔になる存在でない。

女の子でも飾り立てず、自然の魅力を引き出すのが上手だ。服装もいたってシンプル、前にも書いたと思うが日本人の好きなチューニック姿は見られない。皆ジーパンにTシャツにセーターをウエストで結ぶという恰好で、それがまた、まったく自然で無理がないため、実に魅力的だ。色彩の狂乱がないのが精神的に豊かに見える。

夜は、またホテルゴルフに戻ったが、朝ボンヤリしていて描かなかった周辺を描いているうち（好さんはベッドに寝ていた）、気がつくと食時間を大幅に遅れてしまい、行ったものの薬を忘れ、好さんはスーツケース詰めで行かぬと言っていたが、再三の電話でやってきた。皆はすでに果物になっていて、やはりあまり食べなかったそう。でも私はゆっくり果物を五種食べて帰った。

九月三十一日　ホテルゴルフ→イエゼロホテル

朝は五時に目覚めスケッチした。気球の上るところを見た。八時三十分、昨日は突然上って、上昇したように思っていたが、クセニアさんの話では観光客を乗せるのだそうだ。この近辺は小ホテルが多いのか、とても綺麗な設えでテラスのテーブルに小鳥がやってきている。九時半、バスでスロベニアの主都リュブリャナへ。リュブリャナニツェ河の上にかかる橋や広場で買い物、ろうそく、ケーキ、アイスなどなど。

リュブリャナの昼時、ローマ時代のシーザーの行進があった。コモ湖と違って、戦士、戦車、狼や虎の毛皮を被った勇士、そしてシーザー、白衣の少女たちが何度か旅行会社のある中心街（山の手は宮殿）を行き来した。宮殿を見た。その後フユクリフユクラで展望台に登る。この会場は結婚式場でもあるので、今日土曜日に式があった。この地でも離婚が多く、同姓を名のらずにいる夫婦が多いという。人口百万人（九州の1／3とか）。マリア・テレジアのお声がかりで城壁が取り払われたり橋上に広場が出来たり、愛の橋というのがあり、二人の愛を鍵で固定して川に投げるというのだ。

このリュブリャナニツェ河には三つの宝が埋まっている。一つは自転車、ガラス壜、指輪（竜の飾りがある）。レストランで千葉のK川夫妻と一緒になった。機内でも一緒だった人たちで、奥様はオペラやシャンソンが好きで学友協会のニューイヤーコンサートにも行ったという。ご主人はスポーツ系。でも千葉の白井市の各国大使の摂待や留学生のホームステイ等の世話をしたりという活動家。二、三度、トイレ・タイムを取りながらクロアチアの国境を越える時に一時間のロスがあり、五時着予定が七時半となる。直接荷を預けて食事に。これはメニュー（定食？）で食後のコーヒー、茶はなし。九時近く荷解きをしている時に停電。まったくパニックになるところ。さて、ここイエゼロはブリトヴィッチェ湖畔国立公園の近くにあって、大滝という七十メートルから落下するのが見事。

湖畔まで歩き水上バスに乗る。中国の客が多くK川さんは各国大使の世話をしているだけあって、すぐ親しげに話しかける。もちろん英語で。しかし彼らもきちんと答えるが、仲間同士は実に騒々しい。若者が主だからか。向こう岸に渡り丸太の橋のような道を延々と登ったり歩いたり。湖には鯉と鱒がいるそうな。実際に見える。ボビニ湖と同じく石灰質の山にあるので透明度が高くて魚影が見られる。無事滝を見て下り、十分ほど歩き湖畔のレストランで鱒のムニエルを食べたが薄味で物足りなかった、山小屋ふうの店は面白かった。

十月二日　イエゼロ→ザグレブ

実に強行軍の旅だ。出発は九時と遅いのだが歩く距離が半端でなく足が痛くなる。よく杖をついたり、不自由そうに思える脚でついてくるもんだ――と思わざるを得ないが、年嵩《としかさ》の人ほど疲れ知らずかもしれない。スロベニアからクロアチアへ、バス移動中の風景は荒れ果てた感があり、中には人の住まないような割に小さい家が多かった。ゴルフホテル周辺の家はブレッド湖に来る観光客のミニホテルが多かったのだ。ここは個人の住宅であるから小さく見えるが、日本の家屋のように凸凹がないからこぢんまりに見えるのだ。その上、煉瓦のせいでしまって見える。壁が壊れていたり、屋根のない家だったり。あとで聞くと内戦の爪跡だという。修復出来る家はいいが、出来ない家は無人になる。畑もそのせいか雑草畑に見える。貧しいせいかと思っていたが、戦争が国を滅ぼすというのが分かる。今回の東日本大震災もまたまた修復出来ずにいる家庭が多くなる。スロベニアとクロアチアの国境でパスポートの検問が一時間以上、手間取ってザグレブのホテルに着くのが遅くなった。五時予定が七時近くになった。それなのに夕日はいつまでも紅々と――。空も雲のない快晴。長袖も暑く。やはり移動と歩き疲れ。ヒルトンホテルに早めに着き、夕食までに間があったので、オリエント急行の着く駅の方に歩いたが途中で電車道を引き返し、この辺の公園に沿ってホテルに戻る。前は美術館だが修復中。クロアチアはシャープペンシルとネクタイとダルメシアン種の犬が有名だとか。ホテルのバーでコーラを飲んだ。夕食は隅の方でT山さん、N川さん（好さんが神父と間違えた人）、I本さん（広島、エンジニア）と話が弾んだ。レストランに入る前、名前の確認があった。T山さんという方は生物の研究者だそうな。

十月三日　ヒルトンパレスホテル　セレナーデ号

あんなに荒れて見えたプリトヴィッチェからザグレブに移動すると、この地は主都のためか変化がなく見える。バスで大使館や市庁舎に来ると、ユーロの旗も見える。はて、ここはクーナ（無参加？）といわれているのにと思っていると、二〇一三年に加盟が決まっているのだそうだ。どこを見ても自立したような男女の姿。これは着ている物だけでなく、歩き方が美しくて堂々としているからか……。子どもはどこにいっても可愛く静か……両親の愛と躾《しつけ》がゆき届いていると分かる。ザグレブから三百キロ、ガソリンスタンドでのトイレ休憩を経て三時間余り（運転手にも休憩を与えるため）、ブタペストに着く。セレナーデに乗って驚いた。前から二人で皆に会えるかどうか賭けをしていたのが当たり。迎えのスタッフはマリウス以外知らない顔ばかり。すべて替わっていて、太ったピアニストがエレクトーンを弾いていた（ピーターはどこへ行った？）。添乗員の三宅さんは明日までセレナーデに同居するが帰国するという。篠原さんの良きアシスタントを務めていた。篠原さんも最初は少し頼りなく見えていたのに実際は実力のある人だ。ザグレブも若者たちの街のようで若者は一人歩きも二人歩きも幸せそうに見える。子どもは――みんな幼児は可愛く、これも幸せに見えて良い街だと思う。ホームレスのような人には会わない。部屋に入ってお風呂を使ったあと洗濯（パジャマ、下着、ズボン）をする。皆部屋が狭いと言い、私たちの部屋を見て〝広い!!〟と言う。寝室と浴室の間に一坪ほどの部屋がある。T山さんが〝見に来て〟と言うので行くと、確かに角が三角の狭い部屋だ。偶然、良い部屋に当たったのかと思っていたら、好さんはセレナーデもスイートだからホテルもスイートなのだという。

十月四日　ブダペスト↓

朝はまたT山さんと一緒になり、日航の研修生の小林さんと一緒になった。彼らは七名採用されたとかでチロルを回ってきたそうだ。新人はアジアから始まるそうだ。英語は必須で、英検二級か、TOEIC五五〇点取らないと採用されない。で私たちはふた夏のドイツ生活や何や（年金生活者やマレーネ・ディートリヒ等）かやで煙に巻いてみた。純情な青年で話しかけると食べないで聞いているので、仲間と思っていいのだと助言した。さて、懐かしのマチャーシー教会、漁夫の砦（漁夫たちが宮殿を守った）、国会議事堂、オペラハウス（マーラー等、三人の像レリーフ）、国王になったイシュトバーン（しかし子どもに恵まれず、妻に先立たれる）。トカイワイン、トリュフの試食にあずかるがワインだけに。ハンガリーの刺繍は美しいが色落ちすることがある（ネットに入れソフトで水切りすると大丈夫なそうだ、手揉みが一番悪い）。

船に戻って昼食、窓側に座っていた二組の夫婦と合席になった。ところが男も女も、ちらとも見ないで（〝どうぞ〟とは言ったけれど）、お互いの話に夢中であきれはてた。要するに客種がもの凄く悪いようだ。午後は買い物に出掛けず休んだあと、絵を描きに図書室へ。そこで私より年配の男性の似顔を描き、その人が出ていったあとに、また同じ人が若返って戻ってきたのでびっくりした。弟の方でした。トランプ占い、旅行に先立って練習していたので、二人兄弟の兄の方が中吉、弟の方が大吉となってしまったが、しばらく退屈から解放されたようだった。さて船長のウェルカムパーティ。今度のスタッフは皆大きい。頭も身体も。ウエイターも然り。マリウスだけが一人目立つ。ブダペストを出港し、四十分後にディナーになった。しかしながらテーブルのメニューは昼のランチのであって、ナイフも魚用も省略されていて、どれを使ったらいいか分からずとまどった。お料理の味は日本人好みか、甘く酸っぱく口当たりがいい。誰かの誕生日らしく、灯が消えたと思ったらレストランマネージャーがケーキを持って出てきて、前回のピーターとマルチンのピアノのかけ合いもなく、本人の前に置かれただけで実に淋しい。昨年は行列が出来たものなのに……。それを期待して、イシュトバーンやピーターの驚く顔を期待してこのクルーズを選んだのに。私の誕生日はどうなる？　香川のT村夫妻や高知のおばちゃんに〝淋しいねえ、何となく盛り上がらない……〟と言っても、この人たちはあまり反応がない。こんなことには意を介さないらしい。新人の研修生の池田翔太郎さんと色々話して煙に巻く。

十月五日　カローチャ　モハーチ

カローチャの市内観光。大聖堂の周りはマロニエの実やドングリ。中でパイプオルガンの演奏四曲。奏者は国で三者に入る人で、〝オペラ座の怪人〟のテーマに聴くバッハのカンタータ。四曲目は〝私のお墓の前で……〟と思ったら違っていて、あれあれ日本人の私たちのために？　と思ったりした。新井満の作曲と思っていたからびっくりした。バスで十分後、マジャール人の馬のショーを見る。青、栗毛、鹿毛、葦毛と、黒いロバの人馬一体のショーで、ヒュウパチの鞭のしなりで立てた棒を飛ばすというのは、流鏑馬《やぶさめ》に似ている。白ワインとオープンサンドを食べながらの四十五分は疲れが取れた。昼は近くのレストランでレバーのスープ、ロールキャベツ、ドーナツ、そしてワイン白、赤、コーヒー。このカローチャはハンガリー刺繍の作られた街で、おばあちゃんが手で縫っている。壁にも唐辛子や花の絵を描いていて、私も一筆描かせてほしいと思ったがやめた（邪魔になると思ってネ）。帰ってすぐお風呂に入る。六時半からの夕食が、クロアチア入国の際のパスポートの面通しもするという。スタッフも。二時間近く時間がかかり早く席を取ろうという目論見もはずれてしまった。一〇一～二〇一～二一五と順番に行われてはどうにもならず、入っていって右側の入り口近くの四人席にN川さんがいたので同席させてもらった。篠原さんだけに打ち明けていた今日の誕生日、期待出来そうにないと思っていたら二人も誕生日の人がいたのか、ピアニストも出てきて、さらにレストランマネージャー等四、五人がやってきて握手攻めとなる。篠原さんからプレゼントとバースデイカードを貰い感激してしまった。ピアニストに〝さよならをいう時〟をお願いし、ケーキを食べていたら、メロディが流れてきてまあまあ幸せな日となってしまった。

PS　大聖堂教会のオルガン曲の最後〝千の風に……〟に似ていた件、N川氏もI本氏も当たり前だと言い、お金さえ払えば著作権問題もいいのだそうだ。著者はすでに物故しているし——というが楽譜はそうはいかなかったヨ。要するにそんなことは興味の対象ではないということか。

十月六日　プコバル　オイシェイク　ベオグラード

今日も晴天。セレナーデの隣にオデッセイ号が停まっている。三階に上って話をする。アメリカから来たそうで、出身地は様々。カリフォルニア、テキサス、ニュージャージー、アイダホ。私が〝アメリカに従兄がいるよ、ミネアポリスに。そしてこれから黒海に行く〟と言うと、〝黒海から帰ってきた〟と言い、〝黒かった？〟と聞くと〝黒くない、青かった〟と言う。〝知人もサンディエゴにいるよ、アイダホポテト大好き！〟と言ったら皆笑いこけた。

　プコバルのガイドの青年ミズラブは、ハンサムできれいな発音の英語を話す。前の席に座ったのでよく聞こえる。オイシェイク（プコバルだったかな）は、クロアチアで四番目に大きな街だそうだ。大平原の街、銃弾の痕が生々しい。ミズラブは二十九歳、髪の毛がローマ時代の彫刻の少年のように見えてかわいい。好さんに話しかけ、名刺をくれた。四人で写真を撮る。帰るとカレーライスが待っていて、添乗員がエプロン掛けてサービスしてくれた。私がたくさんというと変な顔をした。小食じゃないよ、私は。美味しく三種頂きました。四時のケーキタイム、東京、横浜、久慈の人々と一緒になった。彼女らは絵を見せて！　と言うので見せたら何やら話し合っていた。絵の具も見たいという。神奈川の夫妻、奥様は藤田弓子そっくりさん。夏に東北の祭を見に行ったという。もちろん、岩手除きだが駅前でさんさ踊りのアトラクションを見たという。篠原さんも同席して色々話しているうち、奥様は失礼すると言う。旦那氏はカメラが得意らしく、たくさん持ってきていると言っていた。若々しく見えていたが、一人になると年齢らしい感じがする（つまり白髪もしわもよく見えてきたということ）。

十月七日　ベオグラード　ヴェリコタルノボ

ガイドのプラットさん、茶の上下にグレーピンクのポロ（半袖）、素敵。

ドナウ河とサヴァ川の合流点でサヴァ川に停泊。隣にモーツァルト・ヴァレッタの船がいて、ドイツの女性が二人、どこから来たのと聞かれ、ブダペストから黒海へと言うと、彼女らはその帰り「黒海は黒？」と聞くといやグリーンと言っていた。その船は赤い絨毯が敷かれ、数倍大きく、手摺りは木、廊下には木製のベンチ。カーテン越しに見える個室は二人掛けソファが二つあり、レストランのテーブルも真四角で大きい。行ってみたいが客人お断り。食事をしながら、それとなく観察した。香川のT村さんと一緒のテーブルになる。プラットさんは薄茶、ミルクティ色の裏なしジャケットにスラックス、茶の靴下、下にグレーピンクの

（私のセーターの色）半袖のポロ。私は嬉しくなる。セーターを着てくればよかった!! 修築中のセルビア正教会、床には暖房を入れ壁にはイコンふうのモザイク、石はイタリア始め至るところの大理石を使うそうだ。ステンドグラスも然り。柱のないゴシックとイスラムの混じった正堂の壁はコンクリートで飾られるそうだ。所々にあるギリシャふうの柱は白い大理石そのままとか。かなり年月がかかりそうだ。セルビア人は日本人に深い感謝の念を持っている。最初に援助したのが日本とアメリカで、そのうちアメリカは時によって態度が変わったが、日本は変わらずに援助を惜しまなかった。「皆さんに感謝と愛を贈ります。よい旅が出来ますように……」旅先で喜ばれているのが分かるのは気恥ずかしいが嬉しい。

ミハイル公の騎馬像の前での格言〝騎馬に乗っても尻馬に乗るでない〟。

十月八日　ヴェリコ・タルノボ　カザン峡谷

昨夜、夢に誰かが出てきた。で好きな映画俳優を考えたりしていた。アンソニー・クイン、オマー・シャリフ、ミシェル・オークレール、マリウス・ゴーリング、クロード・ジャーマン・ジュニア。

さて、しかしながら胸やけかなと思ったので用心して小食にした。また、N川、I本の四人となる。今日、午前はスメデレボ峡谷とカザン渓谷を半日クルーズ。鉄門、水門と二つ通るそうだ。それから日本茶の会とビンゴ大会があった。室内履きがあり、なかなかビンゴになった人が取らないので、もしかしたら？　と思っていたら昭和十四年生まれの〝トロイのヘレン〟に。そして十一品のうち十品目、船長の署名入りワインが〝ゴムの冷飯草履の高知のおばちゃん〟に。

人生は思いどおりにならないと分かっていたが、あまりに皮肉と思う。いつかのフェルメールの画集といい……。香川のT村さんも当たらずじまい。実にままならぬ。夕べの雨のせいで気温がぐんと下がり七度、最高が十三度になっていて、とても寒く、その中をデッキに出たりしたものだから皆寒がっている。大阪の小柄なおばはんが一人で人気者になり、実況放送をして皆を笑わせる。で、つい

〝吉本興業の国だからなあ〟と言ったらまた皆笑う。こういった共通点の多い笑いに飢えているのだ。さてさて、しばらく笑ったあとで夕食。このおばはんは、いつか後ろのテーブルで周りに聞こえるような声で何やら喋っている御仁だった。とにかく声が大きくよく響く。大阪弁はちょっと漫才の要素になるので一人実況をしていると、もう効果あり。

十月九日　ビディン

外は雨。朝食後、食堂に留まるようにとのこと。和食を食べ終わってT山さんと無駄話をしていると、船長、副船長、添乗員の奥山さんの三人が入ってきて話があるという。ドナウの水が少なくて、この先航行出来なくなる恐れあり、明日の朝九時下船になるかもしれないので、帰りの仕度をしていてほしいとのこと。寝耳に水とはこのこと。第二の水門を見ないで寝てしまったので、驚きのあまり、しかし旅の初めに両親の夢を見ていたから急に心配になったことを思い出した。

大事な保険証書や銀行通帳のあり場所を好さんに、はっきり教えてなかったことを。あれが予兆かな。で今日のビデイン市内観光も雨の中と、この件で静かな感じ。薔薇《ばら》のろうそく三個とドアベルのような木製の馬のカナグッツを買う。土地の言葉でハピネスと書いてあると、ガイドのボーレン青年が教えてくれた。ここはブルガリアで三番目に大きな街というがそちこちで壁の壊れた建物が多い。中心街の高級住宅街では葡萄棚《ぶどうだな》を持ち、車を持ち。ドミトリイニコライシナゴーグ、モスクだとか何もかもごっちゃになってしまった。ガイドのボーレンの着ているヤッケは千五百円、靴は五千円、Yシャツ五千円と言っている。ヤッケは着ている人がいいせいかよく見え、色は他にもあるのかと聞くと、あると言う。この辺はロシアの影響かドミトリイ、ニコライ、ブルガリア正教、この辺の国はどこもロシア正教である。モスクの中に丸テーブルと椅子があったので、子ども用？と聞くと、ラマダン後のものと言っていた。ここの教会には子どもの遊ぶサークルがあって面白い。古いものは本当に小さい。昨日のセルビアのトイレは二十近くもあって大きかった。明日のことは分からぬが、皆それぞれ時間を消費しているようだった。四時からブルガリアの歌舞団グループがやってきて見せてくれた。楽団五人、ダンサー男女六人。女性はパンの笛のよう、丸刈りで太めの男性はI藤さん（昔の同僚）を連想させる。一人は二枚目、もう一人は三枚目かちょっとひねた感じの三人が、一人の女性をめぐって丁々発止とやり合う。

ノッポは伯爵、丸目さんは男爵、チビさんは子爵と名づける。地方によってドレスやチョッキの色が変わり、踊りはゆったりしていて、手首を回したり上げたり、単純なように見える。男性のはコザックダンスに近い。四十五分近い歌と踊りの演奏があった。その後輪踊りに参加を要請されるが誰も出ない。添乗員の浦田さんが入り楽しそうだ。私の前で男性も女性も真顔で誘う。つい乗ってしまった。というより運動不足の解消にしようと。夕食はあの厭な夫婦の隣に座った。例によって正面しか見ない。赤ワインも最後。ピーターの顔が見えない、休暇だという。そうそうお昼はパスタのバイキングだったが、前菜と思い取ったカイザースシュマルンが実はデザートで、少し取ったのがクスクスらしい。マリウスに聞くとそうだと言い、美味しかった。Nは「よく食べるなー」という。他の人がもっと大盛りで足を運ぶのに腹を立てる。「自分は食べたくない」と言う。と言いつつ「行くかー」と立ち上がって、帰ってくるとパスタの山。食欲がないならT村さんのように一食抜きなさいと言いたい。好さんは話し相手が欲しいのだから受けてやれというが実に腹立たしい。ああいうポーズはあまりどころか大嫌い。わざとらしい。船長より、やはり明日の航行は前途多難。質問はといったら白髪の爺さんが大声で、「皆の生命の安全は保証されるのか、ニッコウトラベルはどうするつもりか知りたい」と怒鳴った。現地のO村さんはタジタジとなって、〝今は日本時間は夜だから明日連絡して指示を仰ぎたい〟と弁解していた。こんな時女性でもY本さんだったらどうしたろう。堂々としていただろうに。ガイドのボーレン青年のまつ毛の長くそろっていること。小椋佳の〝過去たちは、やさしくまつ毛に憩う――〟というのを実感した。

十月十日　カラファト　ブカレスト

やはり五時過ぎ？　私は六時過ぎに目覚め、七時近くに身仕舞いをして体操へ。早かったのか白髪の物静かな女がいて、図書館のテーブルにはお茶のセットとカナッペのお盆。〝これが朝のサービス？〟と思い、フロントの女性に聞くとそうだと言うので戻ってコーヒーとカナッペとノートを開けたら、〝書いてるの？日記を〟と聞かれた。そこに遅れて好さんが来、三人でコンピュータやワープロ等、フロッピーを着けたまま粗大ゴミに出して息子に叱られた話等。四年前に夫を亡くしたそうだ。週刊誌の皇室の話となり、彼女は雅子様が嫌いなそうだ。紀子様は美智子姫を慕っているからいいのだという。とんでもないと二人で説得しているところへ、浦田さんが体操が始まったと。食堂はいつもより静かに感じられ、二人の女性、一人の男性（写真を撮ってくれた人）、丸ポチャの女性。船長の話はやはり航行不可能で下船となった。メダード、ジョージ、ヤン、エドワルド、VLVOIT（オムレツを作ってくれた青年）たちと握手して別れ、各々バスでブカレストに向かうことになった。四時間の行程。トイレ休憩は四時間後スーパーで。ところがトイレが一つしか（男女）ないのに八十名余りが行列を作って、寒い場所だったからさらに冷えた。私も好さんのように我慢してもいいと思ったが、この先二時間と聞いて考え直す。Dさんがやってきて先に男性が両方使い、そのあと女性が両方使うことにしたが女性の数の多いこと。あのT山さんも文句を言っていた。これで一時間費やす。ルーマニアはクロアチアより廃墟が多い。その汚れ方も一そうひどく見える。住宅街の家々は装飾もあり、窓枠と壁の色、玄関ポーチの色等、様々であるのに、どこか淋しく見える。人々は住宅の壁の色まで、手が回らないのだろう。街を行く人々は色が黒く、ロマ民族のようで白人は少ない。ロバの引く馬車が通り、昼食のシュピシティまでの道程の長いこと。運転手はかなり飛ばすのだが、どこにも街らしいものは見えなかった。ホテル・マンテニアで昼食、暑くてたくさんのスープ、キャベツやディルのサラダ、ポークとじゃが芋のピラフ、クレームドカンとコーヒー、ルーマニアの白ワイン。味もさわやか、セレナーデは濃すぎたと思う。約一時間半でブカレストのリチャード・ジョンソン・ホテルに着く。ブカレストは出来た当時、東欧のパリと言われたそうだが、地震と戦乱に見舞われ傷んでいる。住んでいる人々もどこか地味で……。

十月十一日　ブカレスト　コンスタンツァ　ブカレスト

今日は黒海に行く日。黒海かヴェリコ・タルノボかの選択を迫られたがやはり黒海組が多かった。それが目的で来た人たちだ。黒いか青いか見てやらなくちゃ。黒海の由来は、当時住んでいたスキタイ人がカスピ海の青さに比べて暗黒の海と言ったことによるとか。コンスタンツァはブカレストの次に大きな街だそうだ。港街があり、アムステルダムが第一の軍港で、次がコンスタンツァなのだと。またルーマニアは豊かな国であるという。実に見事な平原が続き、さもありなん。

今日は雨具の用意をするように、ブカレストは曇っていたが、次第にあやしくなり強く降ったりして、雨傘もコートも持ってきてよかった。ギャラリーアートは、ホテルのレストランの至る所に飾ってあり（アブストラクト風の絵）、窓からは黒海が見えそうな感じだ。私たちのテーブルは女性が多くて、私と好さん、北海道の姉妹、隣には高知のおばさん——というところにN川氏が来たが、空いた席は司会か先生か——というところだったので逃げていった。結構、気弱なところがあると見える。高知のおばさんに、「あの勇ましい人はどうしたの？」と聞いてみた。「あの人はも一つのヴェリコ・タルノボの方に行ったの。新しい友達が出来たみたい」。そうか。あの大阪の吉本興業だなと分かった。黒海はバルト海に似ていたが、もっともこちらは湖だけれども。貝殻を拾った。

十月十二日～十四日

記載なし。

あとがき

私たちのハイデルベルク行きの発端は一九九三年の北欧旅行で、オーストリーのゴールドベルガー夫妻と知り合ったことです。フィンランドで十センチ四方の写真を送るのに手作りの名刺を頂き送りましたら立派なウィーンの写真集が贈られて来、礼状を英語で出しますと向こうからも英語の手紙。そのうちチャンスがあって〝県民の翼〟でウィーンに行け再会を果たしました。お土産に日本人形を持っていきました。会えるのやら分かりませんでしたが、姉が機内で膝の上に乗せて運び、お二人は（娘とその友達の四人でしたが）とても喜んでくれて、ウィーン料理をご馳走になりました。

そこで分かったのは、二人は英語が出来ない――ということでした。では今までの手紙は息子のローランドの手によるもの――じゃ私たちがドイツ語を勉強しようということになり、盛岡市の講座に四、五年（？）通い、講師の教授に〝そろそろドイツに行ってみては如何ですか？〟。一九九九年の定年と同時に出かけたドイツは皆既日食の年でした!!　二〇〇〇年は入学式（といっていいのかな）の日、二人は体調が悪くて前年と同じく不参加。実は巧（エドワード）が二人にSOSを発信していたのでした。一九八七年、中山産業主催のフランクフルト国際見本市の時は、帰りのド・ゴール空港のテロ騒ぎに会い、飛鳥Ⅱ号のスエズ運河の時は海賊騒ぎ、セレナーデの黒海行きはドナウの水量不足の座礁の心配があるため、陸路となりアクシデント続き。いや短い人生の中でこんなに色々なことに遭遇するとは、実に恵まれた旅をしてきたものです。船旅は兄（ジョセフJr.）の守りがあったと思っています。

佐藤忠一氏は小学校の担任だった竜太氏（後に〝伸びゆく若葉〟という放送劇の作者）の兄であって次兄の友人であり、岩手医大中検部の上司であり、同僚でもあり兄のような存在でもありました。

著者プロフィール
嶋津 章子（しまづ あやこ）
1938（昭和13）年10月５日生まれ
岩手県盛岡市出身、在住
盛岡短期大学被服科卒業
岩手の美術集団エコール・ド・エヌ会員
岩手県民オーケストラ団員

著書
『葡萄とすぐり』2023年、文芸社

私の航（後）海（悔）日記

2024年６月15日　初版第１刷発行

著　者　嶋津 章子
発行者　瓜谷 綱延
発行所　株式会社文芸社
〒160-0022　東京都新宿区新宿1－10－1
電話　03-5369-3060（代表）
03-5369-2299（販売）

印刷所　株式会社エーヴィスシステムズ

ISBN978-4-286-25430-2　JASRAC 出2401423－401